공화국

민주주의를 위한 제도와 정신의 세계사

NANAM
나남출판

포스텍 융합문명연구원
문명과 담론 총서 08

공화국

민주주의를 위한 제도와 정신의 세계사

2022년 2월 15일 발행
2022년 2월 15일 1쇄

지은이 권용립
발행자 조완희
발행처 나남출판사
주소 10881 경기도 파주시 회동길 193, 4층(문발동)
전화 (031) 955-4601(代)
FAX (031) 955-4555
등록 제 406-2020-000055호(2020.5.15)
홈페이지 http://www.nanam.net
전자우편 post@nanam.net

ISBN 979-11-92275-00-0
ISBN 979-11-971279-3-9 (세트)

책값은 뒤표지에 있습니다.

포스텍 융합문명연구원 문명과 담론 총서 08

공화국

민주주의를 위한 제도와 정신의 세계사

권용립 지음

NANAM
나남출판

Republics

A History of Democratic Minds and Institutions

by

Gweon Yong Lib

NANAM

책머리에

공화국은 왕국의 반대말이나 제국의 반대말로 알려져 있습니다. 그래서인지 우리 헌법이 대한민국의 정체성으로 천명한 '민주공화국'을 왕이 없는 민주국가 정도로 여깁니다. 틀린 말은 아닙니다. 그러나 공화국은 글자 그대로 공화정을 실천하는 나라입니다. 왕이 있는 영국과 스웨덴이 독재국가가 아닌 것처럼, 왕이 없다고 해서 저절로 공화국은 아닙니다. 왕이라는 공식 직제만 없을 뿐 왕보다 더한 폭정을 일삼는 의전용 민주공화국이 흔하기 때문입니다.

사상으로서의 공화주의는 갈래가 여럿이고 내용도 복잡하지만 정치로서의 공화정은 내용이 간단합니다. 왕이 없는 시대에 새로운 변종 왕이 등장하는 것을 막기 위해 권력을 제대로 분립시키고, 권력 간의 수평적 견제를 견고하게 제도화한 것이 공화정입니다. 권력 가진 공직자들을 밀착 감시해서 부패와 폭정을 예리하게 차단하는 체제가 공화정입니다. 악인이 공직을 찾아가게 두지 말고 공직이 현인을 찾아가게 만드는 선거제도를 설계하는 것이 공화정입니다. 공화정이 작동하면 제왕적 대통령이라는 말이 나올 수 없습니다.

고대 그리스-로마의 공화정과 그것을 정밀 세공한 근대 초기 이탈리아의 도시국가들, 그리고 공화정의 전통을 대의민주제와 결합한 미국은 모두 권력의 폭정과 부패를 막을 제도를 치밀하게 설계했습니다. 주권재민과 권력분립, 공직의 순환과 정기적인 선거 등 현대 민주주의의 핵심규범은 이들의 제도와 사상이 남긴 유산입니다. 공화정의 긴 역사에 각인된 실천강령이 현대 민주주의의 뿌리인 것입니다. 참정권이 자연권이 아니라 소수의 특권이었다는 이유로 옛 공화정을 귀족정으로 폄하하기도 하지만, 그것은 실체의 한 단면만 본 것입니다. 옛 공화국들이 설계한 정밀한 선거제도, 철저한 공직관, 선출직 고위 공직자에 대한 밀착감시와 통제장치를 훑어보면 간헐적 선거와 기계적 삼권분립 말고는 권력 견제장치가 대부분 사라진 현대의 민주주의가 오히려 옹색하게 느껴집니다.

우리가 민주주의와 공화국의 길을 제대로 걷고 있는지 되짚어 보려면 민주와 공화의 의미부터 확정해야 합니다. 무엇보다 지난 200년간 민주주의는 자유민주주의, 사회민주주의, 인민민주주의로 분화해 왔고, 이 과정에서 자유, 평등, 복지, 인권, 노동 등 대부분의 정치적 가치를 담는 만능개념이 되었습니다. 민주의 의미가 확장되고 모호해지면서 이념에 따라 민주주의의 내용과 성격이 달라진 것입니다. 이에 반해 공화국의 의미는 예나 지금이나 분명합니다. 공화정의 정신과 제도와 규범을 실천하면 공화국입니다. 권력의 전횡을 용납하지 않는 공화정의 본질에 얼마나 충실한지가 민주공화국의 수준을 결정하는 것입니다. 지도자나 단일정당이 권력과 이념을 독점하는 전체주의와 인민민주주의가 민주공화국의 반열에 들지 못하는 것은 이 때문입니다.

이 책은 영웅적 투쟁과 애환의 이야기로 끝나기 쉬운 옛 공화국들의 역사를 공화정제도의 세계사로 풀어낸 후, 한국 민주주의의 현실을 비춰 보는 순서로 진행됩니다. 민주화의 시작은 이념이 아니라 민주주의를 실천할 제도와 규범입니다.

인종과 시대를 초월해서 인류의 정치적 집단지성을 농축해 온 옛 공화정의 지혜를 이 책으로 함께하기 바랍니다.

2021년 겨울

권 용 립

공 화 국

민주주의를 위한 제도와 정신의 세계사

3장 근대 이행기의 공화국: 피렌체와 베네치아

4장 앵글로색슨의 대의제 공화정

5장 공화정의 3대 규범

1장

공화국은 독재와 폭정을 어떻게 막는가

1. 민주 대 공화

민주공화국은 거의 모든 나라의 간판이지만 그 뜻이 궁금한 사람은 별로 없다. 민주라는 말은 너무 친숙해서 궁금하지 않고, 공화국은 왕국의 반대말로 알고 있기 때문이다. 그런데 민주와 공화라는 말과 생각이 어떻게 생겨나고 어떻게 흘러왔는지는 자세히 모른다.

민주, 즉 데모크라시는 그리스어 데모스δῆμος에서 나왔다. 데모스의 뜻은 두 가지다. 하나는 고대 아테네의 기초 행정단위인 촌락 또는 동네deme이며, 다른 하나는 아테네 시민들이다. 18세가 된 아테네의 남성이 시민이 되려면 자기네 데모스의 행정관에게 자신이 노예가 아니며 부모가 둘 다 아테네인인 18세 이상의 남성이라는 것을 입증하고 아테네의 민회명부에 이름을 올려야 했는데, 이처럼 각 데모스에서 민회에 등록한 사람들도 데모스라고 했다.

《옥스퍼드 고전어사전》에 따르면 'democracy'는 B.C. 5세기 말 왕정을 폐지한 아테네 사람들이 데모스의 통치를 뜻하는 말로 쓴 데모크라티아δημοκρατία에서 나왔다.[1] 한 사람의 왕이 아닌 다수시민의 지배체제를 가리키는 개념으로 탄생했다는 말이다.

그래서 민주라는 개념에는 인간의 본성과 권력의 본질에 대한 고민이 빠져 있다. 한 사람 것이든 다수의 것이든 모든 권력의 종착역인 폭정의 가능성에 대한 고민이 없다는 말이다. 민회 중심의 아테네의 민주정이 다수의 횡포를 막을 장치에 소홀했던 것, 또 민주주의를 정의할 때 통치의 질과 내용보다 형식과 제도를 먼저 보게 된 것은[2] 이 때문이다.

---

1 Bernard Crick(2002), *Democracy: A Very Short Introduction*, Oxford University Press, 14.

2 정치적 민주주의는 권력의 본질과 거리가 먼 제도와 외형 차원에서 정의되

이와 달리 공화는 인간의 탐욕과 권력의 횡포를 통제하기 위한 제도적 실천을 내포한 개념이다. 공화라는 개념은 모든 권력은 폭정을 향한다는 진리에 입각해서 설계한 권력 분립체제와 권력자에 대한 제도적 견제를 뜻하는 말로 탄생했다. 민회가 선출한 5명의 시민대표가 2명의 왕을 감시했던 스파르타의 공화정, 원로원과 집정관이 서로 견제하고 집정관 2명이 서로를 견제했던 로마의 공화정은 권력의 독점에서 비롯되는 정치의 타락을 막기 위한 제도적 실천이었다. 왕과 귀족과 평민의 권력이 서로 견제하는 제도를 만들어서 어느 한쪽의 일방적 폭정을 막았던 고대 그리스와 로마의 정치적 실험이 공화, 즉 라틴어 'res publica'라는 개념을 낳은 것이다.

공화라는 말과 생각이 생겨나기 전부터 민주와 공화는 애증의 관계를 맺었다. 아테네 민주정이 이성에 기초한 에피스테메ἐπιστήμη(객관적 지식과 지혜)가 아니라 주관적인 감성을 통해 얻는 독사δόξα(이념, 선동적 여론)에 의해 움직이는 미숙한

어 왔다. 즉, 민주주의는 대개 ① 자유·비밀·보통·평등 선거를 통한 권력의 주기적 교체, ② 행정·입법·사법권의 분립 및 균형, ③ 집회·언론·결사·출판의 자유를 비롯한 기본권 보장 정도로 이해되고 있다.

체제라고 여긴 플라톤은 견제받지 않는 다수의 민주정이 폭정으로 타락할 가능성을 우려했다. 아리스토텔레스는 한발 양보해서 지혜로운 소수 엘리트가 다수의 동의하에 이끄는 체제를 민주주의로 보았지만 그 역시 민주정이 폭정으로 타락할 가능성을 우려했다. 공화라는 말은 아직 없었지만, 두 사람 모두 폭정 예방을 우선 목표로 삼는 공화정의 견지에서 민주정의 위험성을 내다본 것이다. 그리고 이들의 우려는 현실이 되었다. 금전욕과 명예욕에 오염된 정치인들의 선동과 거짓에 놀아난 아테네의 민주정은 결국 무너졌고, 이후 민주라는 말은 가난하고 배우지 못한 다수와 그들의 지배를 뜻하는 경멸의 언사가 되어 오랫동안 자취를 감추었다.

반면 다양한 정치제도로 공화의 이념을 실천한 로마 공화국은 권력자들 간 상호견제를 통해 폭정을 방지한 고전적 모델로 남았다. 로마 제국 이후의 서구문명이 기독교와 군주제와 봉건제의 삼두마차에 올라탄 후에도 공화는 권력의 독점과 폭정에 저항하는 말로 남아 있다가 중세 말~근대 초 이탈리아 도시국가들의 체제로 부활했으며 마침내 청교도혁명과 명예혁명 이후 새 체제를 모색하던 17~18세기의 영국을 거쳐 오늘날 미국 헌정체제의 토대가 되었다.

그런데 아테네 이후 2천 년 가까이 종적이 묘연했던 '민주'가 인민주권popular sovereignty이라는 구호로 부활하면서 민주와 공화의 전세가 역전되기 시작했다. 1789년 프랑스대혁명과 1791년에 제정된 프랑스 제 1공화국 헌법이 그 신호탄이다. "모든 인간은 신 앞에 평등하다"는 종교개혁의 이념이 17세기 영국의 〈권리청원〉(1628), 〈인신보호령〉(1679), 〈권리장전〉(1689)으로 이어졌고 이것이 독립 직후에 미국의 여러 주가 채택한 〈권리장전〉을 거친 후 모든 인간이 법 앞에 평등함을 선언한 프랑스대혁명의 〈인간과 시민의 권리선언〉으로 이어진 것이다.[3]

이로써 아테네 민주정에도 없었고 스파르타와 로마를 비롯한 과거의 공화국에도 없었던 '인간'이라는 보통명사가 등장했다. 신분·재산·성별을 차별하지 않는 보편적 시민 개념이 대두한 것인데, 이로써 참정권도 소수의 사회적 특권에서 모두의 자연권으로 바뀌기 시작했다.[4] 로마 공화국이 멸망한 후

---

3 1789년에 선포된 프랑스 인권선언은 종교개혁(1517) → 영국의 〈권리장전〉(1689) → 식민지 아메리카 여러 주의 헌법(1780년대)과 버지니아주 〈권리장전〉으로 이어진 사상적 흐름에서 나온 것이다.

4 당연한 말이지만 지금 기준으로 보면 아테네 민주정, 스파르타, 로마, 베

이분법으로 나뉘었던 왕king과 백성people을 하나로 통합한 국민nation이라는 개념도 탄생했다. 그러나 '프랑스 국민'의 이름으로 루이 16세를 처형하면서 시작된 로베스피에르의 공포정치 때문에 '민주'는 잠시 공포와 혁명의 표상이 되었다. 프랑스 대혁명의 폭력성에 놀란 영국의 에드먼드 버크는 혁명의 폭력성을 비판한 보수주의의 교과서를 썼고, 신생 미국의 엘리트들은 새로 만든 연방헌법이 너무 민주적이어서 공화정이 훼손되지 않을까 노심초사했다. 변화와 진보의 대명사가 된 민주가 안정과 자유의 대명사인 공화의 적이 된 것이다. 남부의 공화파와 북부의 연방파로 시작된 미국 양대 정당의 이름이 우여곡절을 거쳐 민주당democratic party(1844)과 공화당republican party(1854)으로 최종 결정된 것이 우연은 아니다.

19세기 중반 이후 곳곳에서 혁명이 터지고 참정권이 점차 확대되면서 민주와 공화가 잠시 근접한 때도 있다.5 고대 이

네치아의 공화정 모두 민주정이 아니다. 아테네 민회에 등록된 시민, 즉 데모스는 전체 거주민의 20~30%도 안 되는 소수의 자유민이었고, 스파르타와 로마 역시 노예, 외지인, 여성을 배제했다. 즉, 아테네 민주정은 닫힌 민주정이었고 옛 공화국들도 모두 닫힌 공화정이었다.

5 영국은 1832년, 1867년, 1884년의 개혁(reform act)을 통해 성인 남성 노동자까지 투표권을 갖게 되었고 1918년에는 재산에 상관없이 21세 이상의

후 접점을 찾기 힘들던 공화와 민주가 혁명, 왕정 폐지, 대의제를 접점으로 삼아 가까워진 것이다. 즉, 1917년의 러시아 혁명 이후 노동자민주주의를 표방한 볼셰비키는 소비에트사회주의연방공화국을 명패로 내걸었고, 프랑코의 우파 반란군과 싸운 1930년대 후반의 스페인 제 2공화국도 민주의 이름을 내걸고 공산당 및 노동당과 연대한 인민전선frente popular을 결성했다. 아시아를 비롯한 제 3세계 곳곳에서 생겨난 신생국가들도 좌우 구별 없이 민주와 공화를 하나로 묶은 민주공화국을 명패로 내걸기 시작했다.

문제는 지난 200년간 민주가 자유·평등·인권·노동·복

모든 남성이 투표권을 얻었다. 여성은 1928년에 참정권을 획득했다. 미국은 1792년 켄터키주로 시작해서 1856년 노스캐롤라이나주에 이르기까지 투표권의 재산 요건을 폐지했다. 이런 추세는 1800년대 초부터 1830년에 이르는 제퍼슨 시대와 잭슨 민주주의 시대에 본격화했다. 1830년 무렵에는 대부분의 주가 백인 성인 남성 모두에게 투표권을 부여했다. 다만 매사추세츠·로드아일랜드·펜실베이니아·델라웨어·노스캐롤라이나주는 남북전쟁 발발 직전인 1860년까지도 납세 기록을 요구했고, 펜실베이니아와 로드아일랜드는 20세기에 들어와서도 한동안 이 조건을 달았다. 인종과 피부색에 따른 투표권 제한은 남북전쟁 직후인 1870년의 헌법개정(15th amendment)으로 금지되었지만, 남부는 투표권법이 연방법으로 제정된 1965년까지 다양한 주법을 만들어서 흑인의 투표를 막았다. 미국의 여성은 1920년에 투표권을 쟁취했다.

지 등 좌와 우의 정치적 비전 대부분을 흡수한 절대 선으로 진화하면서 공화의 의미가 상대적으로 퇴색한 것이다. 민주가 진보의 표상이 되면서 2,500년 전부터 폭정과 싸운 공화의 설 자리가 좁아진 것이다. 그럴 만한 이유가 있다. 옛 공화국들은 대부분 엘리트체제였고 정치의 목표도 보수와 안정이었다. 아테네도 그랬지만 스파르타도 유자격 시민들만의 공화국이었고 로마는 귀족 출신 집정관과 원로원이 주도한 공화국이었다. 중세 말과 근대 초의 피렌체 공화국은 위로는 전통귀족과 아래로는 하층 노동자를 모두 배제한 평민 길드연합의 공화국이었고, 동시대의 베네치아도 이탈리아 귀족명부에 등재된 가문들이 이끈 과두제 공화국이었다. 현대 공화국의 모델인 미국도 건국 이후 150년에 걸쳐 재산·성별·인종에 따른 차별을 하나씩 없앴다. 대혁명 초기의 프랑스 국민공회가 공화국république의 이름을 걸고 루이 16세를 처형한 직후에는 '공화'가 혁명과 진보를 상징한 적도 있지만, 프랑스는 곧 전통 공화정체제로 복귀한 후 나폴레옹 치하의 제정으로 바뀌고 말았다. 6

---

6 대혁명이 발발하고 2년이 지난 1791년에 제정된 입헌군주제 헌법을 대체한

민주가 진보의 표상으로 군림하는 사이에 공화가 보수의 언사로 오해받게 된 것은 공화국의 역사에 각인된 이런 보수성 때문이다. 그 결과 옛 공화국들의 전통인 권력분립, 법치, 비밀선거, 공직의 주기적 교체관행을 현대 민주주의가 만들어 낸 새 발명품으로 오해하기 시작했다. 게다가 혁명과 전쟁을 통해 태어난 신생국가들이 왕이 없다는 이유로 너도나도 공화국을 자처하는 바람에 옛 공화국의 역사에 기록된 정교한 폭정 방지제도와 정치적 윤리는 깡그리 잊혔다. 결국 '공화국'은 왕이 없는 나라 또는 제국이 아닌 나라를 가리키는 평범한 일상어로 전락했고, 민주에 왕좌를 빼앗긴 공화는 민주의 장식용 깃털이 되거나 민주도 공화도 아닌 나라의 의전용 휘장으로 쓰이기 시작했다.

것이 프랑스 제 1공화국의 1793년 헌법(산악파 헌법)이다. 1793년의 프랑스공화국 헌법은 왕은 물론 귀족원도 없앴다. 각 칸톤(대부분 여러 개의 코뮌으로 구성) 단위의 기초의회, 전국 단위의 입법의회, 고위 공직자를 선출하는 선거의회가 프랑스 제 1공화국의 입법부인 셈인데, 행정부인 24인의 집행위원회(executive council)를 선거의회가 선출하는 의회 중심 체제였다. 이 헌법은 당시 정세로 인해 실시가 미뤄지다가 로베스피에르의 공포정치가 끝나면서 무산되었으며 양원제를 부활시킴으로써 공화정의 전통 체제에 가까워진 1795년 헌법으로 대체되었다. 그러나 1795년 체제도 1799년 11월 나폴레옹의 쿠데타로 무너지면서 제 1제정으로 바뀌었다.

그런데 민주가 그리 간단하지 않다. 첫째, 19세기 이후 좌우 모두 민주를 내걸면서 민주라는 개념의 정치적 내용이 모호하고 딱한 지경에 처했다. 무엇이 민주이며 어디까지가 민주주의인지 판정할 보편적 기준이 사라진 것이다. 다시 말해서 정치사상에 속하는 자유주의, 보수주의, 사회주의는 표준 텍스트가 있지만, 구호와 비전으로 더 자주 쓰이는 민주주의는 공인된 텍스트가 없다. 민주라는 말이 소수의 지배자와 다수의 피지배자로 나뉘기 마련인 인간세상의 모든 부조리를 교정할 모든 가치를 아우르는 무책임한 개념이 되어 버린 것은 이 때문이다.

둘째는 민주주의의 핵심규범인 다수결주의와 다수지배의 함정이다. 추상적 다수와 현실의 다수는 다르다. 억압받는 다수와 권력을 장악한 다수는 다르다. 근현대 세계사는 불의에 맞선 다수가 민주의 이름으로 쟁취한 권력이 1인과 소수의 권력으로 타락해서 새로운 저항의 대상이 된 사례로 넘쳐난다. 조건 없는 다수결주의도 위험하다. 200년 전 《미국의 민주주의》를 쓴 알렉시스 드 토크빌과 30여 년 이후에 《자유론》을 쓴 영국의 존 스튜어트 밀은 맹목적인 다수결주의를 자유의 적으로 봤다. 수가 더 많다고 해서 지혜와 도덕성이 증

가하는 것도 아니고, 다수결로 뽑힌 권력이라고 해서 권력의 폭정 본능이 사라지는 것도 아니기 때문이다. 견제받지 않는 왕이 폭정의 씨앗이듯 견제받지 않는 다수도 폭정과 혼란의 씨앗이다.

소수의 폭정이든 다수의 폭정이든, 모든 폭정을 막을 방책으로 역사의 검증을 통과한 것은 행정·입법·사법권의 분산과 상호견제를 제도화한 공화정뿐이다. 공화국의 역사에 정통한 정치인이며 미국의 헌법을 기초한 제임스 매디슨은 공화정이 폭정의 반대말이라는 것을 분명히 하려고 폭정을 다음과 같이 정의했다.

> 군주정이든 귀족정이든 민주정이든, 또 세습체제든 셀프임명체제든 선거체제든, 입법과 행정과 사법의 모든 권력이 한 사람이나 한 무리에 집중된 것이 폭정의 정확한 개념이다.[7]

다수의 힘에만 기대는 민주주의가 공화정을 파괴할 위험성

---

7 Clinton Rossiter ed. (1961), *The Federalist Papers*, No. 47, Penguin, 301.

을 내다본 사람들의 걱정은 현실이 되었다. 민주의 이름으로 동원된 다수와 형식뿐인 선거를 명분으로 삼고 폭정을 일삼는 체제가 대거 등장한 것이다. 20세기의 전체주의와 공산주의는 당과 지도자를 법 위에 두는 인치를 국가사회주의와 인민민주주의로 포장했고, 아시아와 중남미의 우익권위주의는 공화를 거세한 국영민주주의를 토착민주주의로 분식했다.

민주라는 말이 이토록 오염되고 남용되는 바람에 민주에 밀려 한동안 빛이 바랬던 공화의 가치가 되살아나기 시작했다. 민주와 법치로 포장된 인치人治의 해독제로서, 또 값싼 향수만 뿌려 대는 가짜 민주의 천적으로서 공화의 정신과 제도를 되돌아볼 때가 온 것이다.

이처럼 역사적으로 애증의 관계에 있던 두 개념을 묶은 말이 '민주공화국'이다. 폭정으로 치달을 가능성이 있는 민주와 모든 폭정을 막는 공화를 묶었다는 점에서 민주공화국은 일종의 형용모순이다. 이 모순은 민주와 공화의 작동영역을 구별해야 사라진다. 추구하는 가치는 자유·평등·복지·인권·참여를 아우른 최대개념으로서의 민주주의이고 이 가치를 실현하는 제도와 절차가 공화정일 때 민주공화국이다. 왕의 존재 여부는 중요하지 않다. 영국과 북유럽처럼 세습왕실이 있어도 자유와 정치적 평등, 보편적 기본권, 공화정의 규범을 지키는 나라, 그래서 독재와 폭정의 싹을 용납하지 않는 나라가 민주공화국이다.

문제는 지속성이다. 역사 속의 모든 공화국은 자유의 정신이 굴종의 심성을 압도하고 규범이 본능을 통제할 때만 존립했다. 집정관과 원로원, 원로원과 호민관이 힘의 균형을 유지하면서 500년을 버텼던 로마 공화정이 1인 치하의 제정으로 타락하고, 숱한 내부 격동을 견뎌 온 피렌체 공화국이 토스카나 왕국으로 몰락한 것은 권력자의 탐욕과 거기에 편승한 굴종의 습성이 제도와 정신을 함께 타락시켰기 때문이다.

게다가 서로가 사람됨을 알 수 있었던 과거의 작은 공화국과 달리 정치인의 됨됨이를 알기 힘든 오늘날에는 언변과 미디어에 능숙한 수준 이하의 권력자들이 언제든 나온다. 현대 민주공화국의 모델인 미국도 예외가 아니다. 1972년 재선에 성공한 리처드 닉슨은 2천여 명의 행정부 관료를 해임한 후 충성파로 채워 넣을 법무부와 국세청과 FBI를 이용해서 정적과 반대 세력을 제거하려고 했다. 당파적 지지 세력을 규합하면서 대의제와 정당정치의 규범을 내팽개친 도널드 트럼프는 짐스럽거나 충성하지 않는 공직자들을 거침없이 해임했다.

이들이 공화당의 이름으로 공화국의 정신을 훼손했다면, 민주당 대통령 빌 클린턴의 섹스 스캔들과 이에 대한 그의 위증은 민주당의 이름으로 민주주의를 모독했다.

이런 사례들은 민주주의와 공화국의 운명이 지도자의 자질에 달려 있다는 진부한 사실만 말해 주는 것이 아니다. 선출된 공직자들이 일정 기간 주권을 독점 행사하는 현대 대의민주주의가 옛 공화국의 역사에 기록된 철저한 권력 통제장치를 더 절실하게 요구한다는 역설을 보여 준다. 공화정의 옛 제도와 정신은 죽지도 않았고 신화가 되지도 않았다. 불러 주기를 기다리면서 역사책 속에 누워 있을 뿐이다.

2. 공화정의 이론[8]

과거의 소규모 공화국들은 참정권자 모두가 공화국의 지분을 공동 소유한다는 대원칙에 따라 권력 집중을 막는 제도를 설계했다. 비록 형식만 남았지만 주권의 공동 소유라는 대원칙은 지금도 계속된다. 미국 헌법은 "우리 미합중국 인민We the People of the United States"을 국가의 주인으로 명시하고 있으며 성문헌법

8 오늘날 정치이념 내지 정치철학으로서의 공화주의는 크게 두 갈래다. 하나는 베네치아, 피렌체 등 이탈리아 도시국가에서 부활한 고대 그리스-로마의 공화주의인 공민주의(civic humanism)다. 이것은 고전적 공화주의(classical republicanism)로 통칭된다. 고전적 공화주의는 마키아벨리, 18세기 영국의 해링턴, 밀턴과 같은 저항사상가들과 프랑스의 몽테스키외를 거쳐 식민지 아메리카의 지도자들한테 전파되어 미국 연방헌법에 반영되었다. 고전적 공화주의는 공민의 덕성(civic virtue)을 역설하고 정치참여, 권력에 대한 경계심, 폭정을 막기 위한 혼합정체, 법치를 강조한다. 로마의 역사에서 배운 바를 정치사상으로 빚어낸 것이다. 다른 하나는 퀜틴 스키너(Quentin Skinner)와 필립 페티트(Philip Pettit)를 비롯한 현대 정치사상가들이 재해석하는 공화주의다. 전사로서의 시민상, 남성적 용기와 덕성, 공동체에 대한 희생을 덕목으로 중시한 고전적 공화주의와 달리 현대 공화주의는 정치적 자유 또는 지배로부터의 자유(non-domination), 자의적 권력으로부터의 독립(independence from arbitrary power)을 강조한다. 이 책에서 소개하는 역사 속 공화국들의 이념은 당연히 전통적 공화주의다.

이 없는 영국은 대법원이 나서서 의회주권, 법치, 민주주의를 영국의 헌정원칙으로 선언하였다. 독일도 독일 연방공화국 기본법Grundgesetz für die Bundesrepublik Deutschland 전문에서 국민이 국가의 주체라고 밝힌다. 프랑스 헌법도 프랑스가 국민의 공화국이라는 것을 전제하고 있다. 일본 헌법도 "우리 일본 국민"으로 시작된다. 국민이 나라의 주인이라는 선언이 민주주의와 공화국의 통과의례처럼 된 것이다.

다시 말해서 공화정이든 폭정이든 거의 모든 나라가 국명과 헌법에 국민, 인민, 민주, 공화를 넣고 있다. 장기 집권이 사실상 보장된 러시아는 헌법 전문에 "러시아 연방을 구성하는 여러 민족의 인민"을 주체로 선언하고 있다. 일당체제인 중국도 중화인민공화국이고 북한도 조선민주주의인민공화국이다. 일반대중이 민주와 공화를 같은 말 내지 비슷한 말로 보게 된 것은 이처럼 체제의 실상과 상관없이 모든 나라가 민주와 공화를 국명과 헌법에 나란히 넣는 현실이 만들어 낸 착시현상 때문이다.

실제로 2020년 기준 UN 가입국 195개국 가운데 160여 개국이 명목상의 공화국이다. 공화국이 왕국보다 훨씬 더 많다. 그런데 왕국이라고 다 전제정이 아니고 공화국이라고 다 민주정이 아니다. 민주주의의 모범인 스웨덴, 덴마크, 네덜란드는 물론이고 영국, 일본도 군주제 공화국이다. 오히려 공화국의 명패를 내걸고 아시아, 아프리카, 남미에 산재한 나라들의 상당수가 선출독재 아니면 세습독재다. 국가가 개인과 특정 가문의 사유재산이 아니라 모두의 공유재산이라는 것을 뜻하는 '공화국'을 독재와 세습의 장신구로 삼은 것이다. 이렇게 된 것은 공화국을 단순히 왕 없는 나라로 여기기 때문이기도 하지만, 근본적으로는 공화국의 의미를 확정해 줄 텍스트가 딱히 없기 때문이다.

공화국인지 아닌지 판별해 줄 유일한 기준은 역사다. 공화국의 세계사를 훑어보면 공화정의 본질이 드러난다. 추상적 비전과 이론이 앞서고 실천이 그 뒤를 따른 민주주의와 달리 공화정은 실천이 앞서고 개념과 이론이 그 뒤를 따랐다. 폴리비우스가 공화정의 이론을 만들기 전부터, 또 'res publica'라는 라틴어가 쓰이기 전부터 히브리, 크레타, 스파르타는 공화정을 실천하고 있었다.

공화정의 이론을 처음 만든 사람은 고대 그리스의 메갈로폴리스 출신 역사가인 폴리비우스다. 지중해의 패권국으로 떠오르던 로마에 붙들려 가서 청장년기 17년을 인질로 살았던 그는 당시 강대국으로 급성장하던 로마의 역사를 40권짜리 《역사》로 남겼다. 포에니전쟁 이후 로마의 성장사를 기록한 이 책의 제 6권에 로마의 정치제도가 기술되어 있다.[9] 폴리비우스는 정무관, 원로원, 민회가 각각 군주정, 귀족정, 민주정을 구현하면서 서로를 수평적으로 견제하는 균형-혼합체제에서 로마의 성장 비결을 찾았다. 지리적 위치와 자연 조건이 불리한 로마의 성장 비결을 공화정이라는 정치제도에서 찾은 것이다.

플라톤과 아리스토텔레스로 시작해서 마키아벨리를 거쳐 내려온 서구의 정치사상이 대체로 그렇지만, 폴리비우스도 인간의 본성이 이기적이라는 것을 전제하고 시작했다. 이기적인 인간들이 모인 국가를 장악한 권력도 타락하기 마련인데, 폴리비우스는 당시 로마가 왕정, 귀족정, 민주정을 적절히 혼합한 균형-혼합체제를 통해 권력의 타락을 막고 있다고

---

9 로마의 정치체제를 기술한 폴리비우스의 《역사》 제 6권은 Loeb Classical Library, *Greek Texts and Facing English Translation*, trans. William Roger Paton(1922~1927), Harvard University Press, vol. 3를 참조할 것. 텍스트는 다음을 참조했다. https://penelope. uchicago. edu/Thayer/E/Roman/Texts/Polybius/6*. html(2020. 12. 16.)

진단했다.

세 가지 체제를 혼합해서 폭정을 막겠다는 생각은 그 전부터 있었다. 지혜로운 왕이 다스리는 체제를 꿈꾼 플라톤도 마지막 저서인 《법률》에서 군주정, 귀족정, 민주정을 섞은 혼합체제로 권력의 타락을 막을 수 있다고 했고, 아리스토텔레스도 군주정, 귀족정, 민주정은 각각 착하게 시작해서 악하게 끝나는 역사의 철칙에 종속되기 때문에 세 체제, 특히 민주정과 귀족정을 섞은 체제가 좋은 정치체제politeia라고 했다. 그런데 폴리비우스는 세 체제의 단순 혼합을 말하지 않았다. 그는 통치권력의 세 원천인 군주, 귀족, 평민이 각각 다른 권력기구를 장악해서 권력끼리 서로 물고 물리는 방식으로 폭정을 막고 내정을 안정시킨 것이 로마 공화국의 성장비결이라고 봤다.

이것이 그의 독창성이다. 그의 논거는 이렇다. 이기적 인간들이 스스로 모여 국가를 만드는 것은 독자생존에 수반되는 공포와 불안 때문이다. 처음에는 가장 강하고 현명한 자가 다스리는 군주정이 출현하지만, 그 후계자 가운데 인간의 이기적 본성에 투철한 폭군이 반드시 나온다. 그래서 군주정이 참주정으로 타락하면 지혜와 선의로 무장한 엘리트세력이 나서서 폭군을 타도하고 직접 통치하는 귀족정이 시작된다. 그러나 세월이 가면 귀족정 역시 선대 귀족의 정신을 물려받지 못한 후손들의 탐욕스런 과두정으로 타락한다. 그래서 다수의 평민이 과두정을 뒤엎고 모두 함께 다스리는 민주정을 세운다. 그러나 세월이 가면 민주정 역시 탐욕으로 뭉친 무리들이 다른 사람들을 억압하고 경박한 선동가들이 서로 물어뜯는 야만의 정치로 퇴행한다. 민주정마저 타락하면 새로운 영웅이 나타나서 어지러운 세상을 평정한 후 왕이 된다. 그리고 지금까지와 동일한 사이클이 다시 시작된다. 군주정은 참주정으로, 귀족정은 과두정으로, 민주정은 다수의 폭정으로 타락하는 악순환 ἀνακύκλωσις이 무한반복되는 것이다. 역사는 진보하지 않고 순환할 뿐이라는 순환사관이 여기서 시작된다.

이 끝없는 악순환을 역사의 법칙으로 본 사람은 폴리비우스 하나만이 아니다. 아리스토텔레스도 그랬고 헤로도토스를 비롯한 고대 그리스의 역사가들도 같은 생각을 했다. 그렇지만 공화정이론의 저작권은 폴리비우스한테 있다. 왜냐하면 폴리비우스 이전의 역사가들은 다수의 빈자와 소수의 부자가 싸우는 인간세상의 숙명적 대결을 귀족정과 민주정의 혼합 방식으로 해소하려고 했지만, 폴리비우스는 계급도 아니고 사람도

아닌 권력기구 간의 균형과 상호견제를 처방했기 때문이다.10

고대 아테네가 솔론과 페리클레스를 비롯한 영웅의 시대가 끝나자마자 외교와 내정의 혼란 속에서 쇠망한 것은 민회를 견제할 다른 권력기관이 없었기 때문이다. 폴리비우스가 보기에 로마 공화국의 강점은 집정관(왕정)과 원로원(귀족정)과 민회(민주정)가 서로를 견제하게 만든 정교한 분립제도에 있었다. 그는 로마 공화정이 이해타산이 충돌하기 마련인 왕·귀족·평민 간의 갈등을 없애려는 헛꿈을 꾸는 대신 그 갈등을 역이용해서 체제를 안정시키는 방법을 창안했다고 봤다. 인간의 이기적 본능을 오히려 역이용해서 체제의 안정과 역동성을 확보하는 역설의 정치, 이것이 폴리비우스가 간파한 로마 공화정의 본질이다.

정리하자. 폴리비우스는 모든 체제를 한 그릇에 넣고 버무린 단순 혼합체제mixed constitution를 말하지 않았다. 통치권의 세 근원인 왕·귀족·시민이 각각 다른 권력을 장악해서 서로

10 Matthew A. Pauley(2014), *Athens, Rome, and England: America's Constitutional Heritage*, Griffon House Publications, 51.

를 견제하는 권력분립과 상호균형의 체제balanced constitution를 말했다. 이렇게 보면 현대 민주주의의 근간인 삼권분립 이론은 폴리비우스의 《역사》 제6권에서 비롯된 셈이다. 이것이 로마의 키케로, 르네상스 이탈리아의 마키아벨리와 17세기 영국의 제임스 해링턴James Harrington을 거쳐 프랑스의 몽테스키외Charles-Louis de Secondat, Baron de La Brède et de Montesquieu에 의해 다듬어진 후, 영국식 대의제와 결합함으로써 현대 민주공화국의 기본 골격이 완성되었기 때문이다.

3. 공화정의 정신

지난 2,500년간 명멸明滅했던 여러 공화국의 외형은 시대와 장소마다 다르다. 그러나 미국 이전까지 체제의 성격은 비슷했다. 스파르타, 로마, 베네치아, 피렌체는 모두 귀족정 또는 과두정 공화국이었고, 공화정의 생명인 공정선거와 권력분립을 흔드는 정치적 야심과 부패를 완전히 막지도 못했다. 그렇지만 이들 모두 인간의 이기심을 통제할 수 있는 것은 정밀한 제도와 그것을 뒷받침할 견고한 정신뿐이라는 믿음을 갖고 있었다. 역사 속의 공화국들을 지탱해 온 정신은 다음과 같다.

첫째, 법치다. 법치는 모든 권력을 법이 부여하고 그 법에 따라 권력을 행사한다는 정신이다. 모든 권력이 법 밑에 있다는 추상적 원칙을 현실로 만드는 행위다. 법치의 본질은 무생물인 법이 생물인 사람을 지배하는 것이다. 역사에 기록된 모든 공화국은 권력자나 권력집단이 입맛에 따라 법을 만들고 법을 무기 삼아 휘두르는 인치 때문에 무너지기 시작했다.

둘째, '바로 지금 눈앞'의 권력자를 감시하고 통제하는 정신이다. 착한 지도자도 권력의 맛에 취하면 타락한다. 이것은 역사의 공리다. 따라서 한 사람 또는 일개 집단이 권력을 독점하고 남용하지 않도록 감시하고 통제하는 정신이 공화국을 유지하는 힘이다.

셋째, 공익을 위해 사사로운 이익을 내던질 줄 아는 용기와 자긍심이다. 거창하게 말하면 공화국 시민이 지녀야 마땅한 공민의 덕성이 공화국의 정신이다. 돌이켜 보면 모든 공화국은 공과 사의 장벽이 무너지고 권력자가 국가를 사유화하면서 멸망했다.

넷째, 지나간 역사에서 배우려는 자세이며 오늘이 내일을 만든다고 믿는 태도다. 과거의 교훈과 지나간 영웅을 기억하는 자세이며, 지금 나의 행위가 내일이면 역사가 된다고 믿는 숙연한 역사관이다. 역사는 공화정의 텍스트이며 에너지원이다. 과거의 공화국들은 예외 없이 역사책을 읽으면서 정치의 규범과 정신을 배웠고, 역사에서 배운 바를 제도로 빚어냈다. 고대 그리스-로마의 공화정이 1,500여 년 후의 베네치아와 피렌체를 거쳐 아메리카로 전달되는 그 기나긴 여정에서 징검다리가 된 17세기 영국의 제임스 해링턴은 역사와 세계에 무지한 자들은 정치를 하지 말라고 했다.

> 역사가와 여행자가 되어 보지 않은 자가 정치를 해서는 안 된다. (과거에 무지한 자는) 앞으로 어떤 일이 반드시 일어날지 예측할 수 없고, (바깥세상에 무지한 자는) 타국에서 무슨 일이 벌어지고 있는지 짐작할 수 없는데, 이런 사람을 정치인이라고 할 수는 없기 때문이다. 역사에 무지하면 과거에 무지한 것이고, 다녀 보지 않았으면 지금 다른 데서 어떤 일이 일어나는지 알 도리가 없다. 과거도 모르고 현재도 모르는 사람은 (미래에) 어떤 일이 반드시 일어나게 될지, 또 지금 어떤 일이 일어날 가능성이 있는지 절대 알 수 없다. 11

철학자 토마스 홉스도 역사책의 정치적 가치를 이렇게 요약했다.

> 특히 군주의 통치에 대항하는 반란에 대해 말하건대, 이런 반란의 가장 흔한 원인은 고대 그리스, 로마의 정치와 역사를 기록한 책들이다. … 단언컨대, 왕을 죽이겠다고 나선 사람들은 이런 책을 읽은 사람들이다. 왜냐하면 그리스와 로마의 지식인들이 쓴 책과 정치론에는 왕이 폭군이라고 선언하는 순간 그 누구든 칭송을 받으면서 합법적으로 왕을 죽일 수 있다고 쓰여 있기 때문이다. 12

미국 헌법을 기초한 필라델피아 회의에 참석한 당시 미국 엘리트들은 그리스와 로마의 역사에 정통했다. 그들은 청년

---

11 괄호 안은 역자의 부연 설명. Paul Anthony Rahe(1994), *Republics Ancient and Modern*, vol. 1, *The Ancient Regime in Classical Greece*, University of North Carolina Press, 17에서 인용 번역함.

12 A. D. Lindsay, ed. (1914), *Leviathan*, J. M. Dent & Sons, vol. 2, 29; Z. S. Fink(1945), *The Classical Republicans: An Essay in the Recovery of a Pattern of Thought in the Seventeenth-Century England*, Northwestern University Press, 2nd edition, 1의 각주에서 인용.

시절부터 호머, 호라티우스, 플루타르크, 베르길리우스, 키케로, 리비우스, 타키투스를 읽었고, 그네들이 만들 아메리카 공화국의 모델을 로마 공화국과 베네치아 공화국에서 찾았다. 그들은 제임스 해링턴을 비롯한 유럽 지식인들의 저작물과 유럽의 역사에 정통했고 몽테스키외의 《법의 정신》을 수시로 인용했다. 필라델피아 회의에 참석한 12개 주(로드아일랜드는 불참) 대표들이 각자 개인적으로 기록한 회의노트를 편집한 책을 보면 대통령, 상원, 하원의 임기와 권한을 놓고 논쟁할 때 쌍방 모두 고대 그리스와 로마, 베네치아, 스위스, 영국, 네덜란드의 공화정과 대의제를 논거로 삼는 장면들이 나온다.[13] 특히 미국 헌법의 주임 산파역을 맡은 제임스 매디슨은 고대의 공화국들이 망한 이유를 찾아내서 그 허점을 보완하려고 깊이 고민했다.[14]

정리하자. 폭정을 막기 위한 정교한 제도와 치밀한 체제를 뜻하는 공화정을 왕정과 제정의 반대말 정도로 여기게 된 것

---

13 Max Farrand, ed. (1966), *The Records of the Federal Constitution of 1787*, Yale University Press, 3 vols.

14 같은 책, vol. 1, 87.

은 프랑스대혁명 이후다. 그러나 공화정의 반대말은 왕정이 아니라 폭정이다. 고대의 아리스토텔레스와 폴리비우스는 통치자의 수를 기준으로 왕정(1인의 통치), 귀족정(소수의 통치), 민주정(다수의 통치)으로 구분했지만 근대의 몽테스키외는 통치의 내용을 기준으로 민주공화국, 귀족공화국, (입헌) 군주정, 전제정으로 구분했다. 통치자의 수와 상관없이 폭정을 막기만 하면 공화국이라는 뜻이다.[15] 그래서 칸트는 1795년에 출간한 《영구평화론》에서 공화정을 입법권과 행정권을 분리한 체제로 정의했다. 폭정을 막기 위해 왕의 집행권과 의회의 입법권을 분리한 입헌왕정도 공화정의 한 갈래로 본 것이다. 실제로 왕 없는 나라에서 벌어지는 현대의 폭정이 과거의 세습 왕정보다 더 가혹한 경우가 흔하다.

---

15 "세 종류의 정부(통치)가 있으니 공화정, 입헌군주정, 전제정이다. … 공화정은 인민 전체(민주정) 또는 그 일부(귀족정)가 최고 통치권을 가진 체제다. 군주정은 한 사람이 확립된 법에 따라 통치하는 체제다. 전제정은 한 사람이 자기 뜻대로 모든 것을 지시하는 체제다." Charles Louis de Secondat, Baron de Montesquieu(1777), *The Complete Works of M. de Montesquieu*, London, T. Evans, 4 vols, vol. 1. *The Spirit of Laws*, Book I, Ch. I의 첫머리. https://oll-resources.s3.us-east-2.amazonaws.com/oll3/store/titles/837/Montesquieu_0171-01_EBk_v6.0.pdf, p. 38(2020. 11. 15.)

공화국은 눈앞의 권력자를 감시하고 통제하지 않아서 입법권과 행정권이 하나로 통합되면 바로 무너지는 예민한 체제다. 옛 공화국의 정치가들이 가장 경멸하고 두려워했던 타락corruption의 의미는 다양하지만, 법을 만드는 권력과 법을 집행하는 권력의 경계선이 무너져 하나가 다른 하나를 장악하거나 흡수하는 것이 정치적 타락이었다. 공과 사의 경계선이 무너져서 특정 개인과 집단이 공직과 재정을 사유화하는 것도 타락이었다. 이런 기준에서 보면 입법권과 행정권(그리고 현대의 사법권)의 상호견제를 제도화하고 권력에 대한 감시와 통제를 불패의 규범으로 삼아 국정의 사유화를 차단하는 나라는 통치형식과 상관없이 공화국이다. 언제 고개를 들지 모르는 독재를 미리 막고 밤새 도둑맞기 쉬운 자유를 지키는 것이 공화국의 본질이며 사명이기 때문이다.

2장

고대의 공화국: 아테네, 스파르타, 로마

지금부터 역사 속의 공화국들을 불러 모으는 것은 인류가 공화의 제도와 정신을 어떻게 실천해 왔는지 보기 위해서다. 예컨대 스파르타와 로마, 피렌체와 베네치아의 공화정이 권력자의 폭정과 부패를 막기 위해 만든 치밀한 제도들을 살펴보면 과거의 소규모 공화국들이 실천한 권력통제 시스템의 현대화는 과연 불가능한 것인지 되묻게 된다. 옛 공화국들의 제도와 정신을 들춰 보는 작업은 민주화와 민주주의를 표방해 온 오늘날의 한국정치를 공화정의 원형에 비춰 보는 작업이기도 하다. 공화국의 역사를 통해 얻는 또 다른 교훈은 모든 제도는 정치적 탐욕과 선동을 통제할 수 있을 때만 존속했다는 점이다. 그라쿠스, 술라, 마리우스, 카이사르, 옥타비우스로 이어진 선동가와 야심가들의 견제받지 않은 탐욕 때문에 500년 전통의 공화정이 무너진 고대 로마의 사례가 대표적이다.

300여 년간 정치적 폭력을 회피해 오던 로마는 B.C. 130년대와 120년대에 벌어진 일련의 정치적 암살사건 이후 동요하기 시작했다. 로마의 정치가 폭도와 폭력에 휘둘리기 시작하면서 로마의 공화정제도는 정치적 분쟁의 틀을 마련하고 또 그 내용을 통제하는 힘을 급격하게 잃었다. 최초의 정치적 암살(그라쿠스 형제의 암살 - 역자) 이 있은 후 한 세대도 지나기 전에 로마의 정치인들은 자기 지지자들을 무장시켰고 민회의 투표와 정무관 선출에 영향력을 행사하려고 무력위협을 불사했다. 두 세대가 지나기 전에 내전에 돌입했고, 다시 두 세대 후에는 아우구스투스가 로마의 황제가 되었다. 정치적 투쟁의 승자에게 주는 보상과 패자에게 주는 벌을 적절히 조정할 힘을 공화정제도가 잃게 되면서 로마의 정치는 승자만 엄청난 보상을 받고 패자는 때로 목숨까지 바쳐야 하는 제로섬 게임으로 변했다. … 다른 무엇보다 로마 공화국의 역사는 나라를 좀먹는 지도자들의 행

태를 시민들이 외면할 때 망국의 위험에 처한다는 것을 똑똑히 보여 주었다.[1]

공화정도 언젠가는 무너진다. 그러나 이 사실 때문에 공화정의 취지와 역사적 가치가 퇴색하는 것은 아니다. 왕정과 귀족정은 지배자의 선의가 사라지는 순간 폭정으로 타락하고 민주정은 선동과 거짓이 대중을 미혹하는 순간 폭정으로 타락한다는 약점이 있지만, 공화정은 권력자의 선의에 어리석게 기대는 대신 모든 권력과 권력자를 잠재적 악으로 간주하고 제도로써 통제하기 때문이다. 그러면, 역사 속의 공화국들은 어떤 정신으로 어떤 제도를 만들어 권력의 타락 본능을 통제해 왔는가?

1 Edward J. Watts(2018), *Mortal Republic: How Rome Fell into Tyranny*, Basic Books, 9~10.

1. 아테네의 공직관념과 공정철학

고대 그리스의 폴리스 관련 기록은 그리 많지 않다. 19세기 후반에 발견된 아리스토텔레스의 파피루스본을 통해 아테네 헌정사를 짐작하는 수준이며[2] 헤로도토스, 투키디데스, 크세노폰과 같은 역사가들의 산발적 기록이나 데모스테네스의 연설문 그리고 아리스토파네스 같은 작가들의 작품 속에서 아테네의 제도와 문화를 추리하는 정도다.

마케도니아와 로마에 의해 정복되기까지 아테네는 왕정과 귀족정을 거쳐 민주정으로 변했다. B.C. 4세기의 아리스토텔레스(B.C. 384~322)는 자신이 11번째로 개정된 헌정체제 하에 살고 있다고 밝혔다.[3] 이오니아족의 폴리스인 아테네의 주권은 민회에 있었다. 노예나 외부인이 민회에 참석하면 아테네의 주권을 훔친 행위로 보고 사형에 처하기도 했다. 인구

2 이것을 책으로 펴낸 것으로는 Harris Rackham, ed.(1935), *The Athenian Constitution, The Eudemian Ethics, On Virtues and Vices*, Harvard University Press, 그리고 Aristotle, *The Politics and the Constitution of Athens*, ed., S. Everson(2020), Cambridge University Press 등이 있다.

3 Aristotle, *The Politics and the Constitution of Athens*, ed., S. Everson (2020), 242.

는 논쟁의 주제 가운데 하나지만, 전성기인 B. C. 5세기의 아테네 거주민은 대략 14만에서 18만 명, B. C. 4세기에는 25만에서 30만 명으로 추정한다. 다만 민회 참석권을 가진 성인 남성시민은 인구의 10~30%인 3만 명에서 6만 명 사이였다. 따라서 지금의 민주주의는 물론 아니다.[4]

아테네 민주정의 기틀을 잡은 것은 솔론의 개혁(B. C. 594)과 클레이스테네스의 개혁(B. C. 508~507), 에피알테스의 개혁(B. C. 462)이다. 아테네 민주정의 동력은 다수결 원칙이다. 권력분립과 권력자 감시보다 다수결주의를 우선시했다는 점에서 아테네 폴리스는 공화정의 역사에 포함되지 않는다. 그러나 아테네 민주정에도 공화국의 필수 규범인 반부패와 공정의 철학은 스며 있었다. 공직의 임기를 짧게 정하고 공직의 연임도 제한했다는 점에서다. 퇴임한 정무관이 재임 중의 공과와 금전관계를 조사받게 만들어 권력자의 부패와 타락을 막는 제도도 갖추었다. 특히 클레로테리온을 사용한 철저한 추첨제도는 뇌물과 정실이 정치에 개입할 가능성을

4 Paul A. Rahe(1994), *Republics Ancient and Modern*, vol. 1, *The Ancient Regime in Classical Greece*, 178~179.

원천 봉쇄했다.

시대별로 조금씩 변했지만, 아테네의 행정권은 아르콘과 보울레와 프리타네이스가, 입법권은 민회가, 사법권은 아레오파고스와 디카스테리아가 행사했다고 볼 수 있다. 공직자의 자격기준과 행적심사가 엄격했고 부패를 막기 위해 공직 임기를 짧게 만들었지만 최고 기관인 민회와 여타 권력기구 간의 상호견제가 철저하지 않았다는 점에서 공화국의 전형은 아니다.

1) 정무관: 아르콘

아르콘ἄρχων[5]은 고대 그리스 도시국가들의 행정권을 행사한 고위 정무관의 통칭이다. 아테네 왕국 시대부터 존재한 직제로서 부패 차단과 공사 구별 같은 공직윤리를 요구받았다. B.C. 7세기 무렵에는 초기의 원로원 겸 사법부인 아레오파고스가 부유한 귀족들 가운데 적임자를 종신제 아르콘으로 지

5 아르콘은 고대 그리스의 도시국가들이 왕, 장군, 고위 정무관을 통칭한 말이다. 또는 아테네 시민법정의 테스모테테스와 같은 행정관을 아르콘으로 부르기도 했다. 여기서는 고위 정무관으로서의 아르콘을 설명한다.

명했지만 나중에 임기 10년으로 바뀌었고, 클레이스테네스의 개혁(B. C. 508~487) 이후에는 민회가 추첨으로 뽑는 임기 1년의 단기 공직이 되었다. 아테네 정치의 축이 평민으로 이동하면서 아르콘 선출권이 민회로 이양된 것인데,[6] 당시 아테네의 4개 부족이 각각 10명씩 선발한 40인 중에서 추첨으로 뽑았다.[7]

아테네의 헌정체제를 처음으로 성문화한 드라콘의 개혁(B. C. 622~621)[8] 이전까지는 3명의 아르콘만 두었다.[9] 1명은 최고 행정관 및 사법관으로서 보울레와 민회의 의장이며 재임한 해에 자기 이름을 붙이는 연호年號아르콘ἐπώνυμος ἄρχων

6 아르콘은 원래 부유한 귀족이 독점한 공직이었지만 서서히 제도가 바뀌었다. B. C. 594년 솔론의 개혁은 두 번째 계급(hippeis)도 아르콘이 될 수 있게 했고, B. C. 457년부터 세 번째 시민 계급(zeugitae)도 가능해졌다.

7 Aristotle, *The Politics and the Constitution of Athens*, ed., S. Everson (2020), 215.

8 B. C. 620년 무렵 아테네 헌법을 성문화한 드라코의 개혁은 가혹한 처벌과 계급에 따른 처벌 강도의 차별이 특징이다. 양배추 절도범을 사형에 처하는가 하면, 낮은 계급의 시민이 높은 계급한테 진 빚을 못 갚으면 노예로 삼게 했다.

9 Aristotle, *The Politics and the Constitution of Athens*, ed., S. Everson (2020), 211~212.

이다. 또 1명은 전시사령관과 재판관을 겸한 폴레마르코스 πολέμαρχος인데, 군대 지휘권은 B. C. 501년 클레이스테네스의 개혁 이후 10명의 스트라타고스στρατηγό(장군), 즉 스트라타고이한테 이양되었다. 그리고 원래 왕이 맡았던 종교 지도자의 권위를 갖게 된 아르콘 바실레우스ἄρχων βασιλεύς는 초기에 원로원 및 법원의 기능을 한 아레오파고스의 재판장을 맡기도 했다.

드라콘의 개혁 이후, 즉 B. C. 7세기 중반 이후에는 6명의 아르콘(테스모테타이, 사법 및 관습감독관)이 추가되었다. 그래서 9명의 아르콘이 아레오파고스와 함께 종교·군사·사법 현안을 처리했다.

고위 공직인 만큼 아르콘의 신체적, 윤리적 자격기준은 엄격했다. 각 부족에서 아르콘 후보로 선발되면 아레오파고스 또는 보울레(아레오파고스의 후신 - 후술함)에서 출생과 신분, 체력, 부모와의 관계, 군대 기록을 검증받았다. 또 임기가 끝난 후에는 재임 당시의 금전관계를 비롯한 제반 행적을 심사받았으며 연임이나 중임은 불가능했다.10 이 같은 아테네의

10 아르콘의 위상은 B. C. 5세기부터 약화했다. 아테네의 고질병인 시민들의

엄격한 공직자 자격기준과 임기 후 행적 심사제는 스파르타나 로마의 공화정과 큰 차이가 없다.

2) 민회: 에클레시아

아테네 민주정의 중심은 민회인 에클레시아ἐκκλησία와 시민법정인 디카스테리아(후술함)다. 민회는 20세 이상의 시민만 참석했고 30세가 넘어야 추첨을 거쳐 공직자와 배심원이 될 수 있었다. 초기에는 부유한 상층시민만 민회 참석권과 공직 피선거권을 가졌지만, 재산에 따라 시민을 네 등급으로 나누고 공직 후보의 신분 조건을 완화한 솔론의 개혁 이후11에는 재산이 계급의 기준이 되었다. 누구라도 부유해지면 등급이 오르고 가난해지면 시민권을 잃거나 노예로 전락했다. 참정

편협한 부족주의를 희석하려고 클레이스테네스는 부족을 10개로 늘렸는데, 10개 부족을 각각 대표한 10인의 장군(stratēgoi)이 폴레마르코스의 군사 지휘권을 가져갔다. 이후 폴레마르코스는 사법권만 행사하다가 B. C. 5세기 중반에는 그마저 상실했다.

11 솔론은 농업생산량을 기준으로 해서 시민을 네 등급으로 나누었다. ① pentacosiomedimni ② hippeis ③ zeugitae ④ thetes(임금노동자로 추측되는 최하계급).

권은 권리이자 의무였기 때문에 민회에 참석하지 않거나 공직에 봉사할 생각이 없는 시민을 이기적이며 쓸모없는 인간으로 여겨 이디오테스ἰδιώτης라고 불렀다. 바보를 뜻하는 영어 단어 idiot은 여기서 나왔다.

아테네 민회는 드라콘의 개혁 이전부터 있었다. 규모는 시대별로 달랐지만 대체로 아테네 시민권자의 일부인 3~6천 명 정도로 알려져 있다. 아리스토텔레스에 따르면, 에클레시아는 보통 35~36일마다 4회 남짓 개최했고, 매달 한 번은 공직자의 직무 수행을 평가하는 투표를 실시했다.12 참석자를 위한 보상은 원래 없었으나 출석률이 하락한 B.C. 4세기부터는 수고비를 주기 시작했고 그 액수도 점차 늘었다.13 에클레시아와 디카스테리아에 참석하는 대가를 주기 시작하면서 아테네 민회의 수준과 재판의 질도 하락하기 시작했다.

에클레시아는 공직자의 선출(추첨)권과 입법권을 가졌고 군사, 재정, 외교의 다양한 권한을 보울레와 공유했다. 법령 및 포고령의 선포권을 가졌고 초기에는 정치적 사건의 재판도

12 Aristotle, *The Politics and the Constitution of Athens*, ed., S. Everson (2020), 244.

13 같은 책, 242.

맡았다(정치적 재판은 나중에 디카스테리아로 이관). 참석자들의 발언과 찬반토론을 거친 후 거수 또는 찬반을 뜻하는 흰 돌과 검은 돌을 단지에 넣는 방식으로 투표했다. 독재의 조짐을 보이는 정치적 야심가를 미리 추방하거나 정치적 해악을 끼친 자를 벌주기 위해 클레이스테네스가 도입한 도편추방제 ostracism는 깨진 도기조각에 추방하거나 응징할 사람의 이름을 새기는 방법을 썼다. 의장은 회의를 열 때마다 추첨으로 뽑았고 연임이나 중임은 금지했다.

에클레시아는 아테네의 주권을 표상하는 최고 기관으로서 오류를 범하지 않는 기구로 존중받았다. B.C. 5세기 전까지는 에클레시아가 의결한 법을 재심하거나 번복할 길이 없었다. 그러나 B.C. 5세기 무렵 법 제정절차를 정비하면서 에클레시아에서 토의 중인 법안은 물론 기존 법률까지 심사할 수 있는 제도를 만들었다. 형식적 민주주의의 고질인 마구잡이 입법을 견제한 것이다.

아테네를 통치한 법은 상위법인 법률νόμος과 하위법인 법령ψήφισμα이다. 법령은 민회나 보울레의 의결만 거치면 되지만 입법을 뜻한 노모테시아νομοθεσία는 다소 복잡했다. 매년 기존 법률 전체를 검토하는 민회를 개최해서 당시 논의 중인 특정 법안의 위법성에 대한 고발장 또는 기존 법률의 문제점을 지적하고 대안을 제시하는 개정안을 테스모테타이[14]한테 제출하도록 했다. 고발과 개정안이 민회 표결을 통과하면 본격적인 입법절차가 시작되었다. 추첨으로 뽑힌 수백 명의 법률심사단인 노모테타이νομοθέται가[15] 시민법정(후술함)을 개최해서 고발인 또는 개정안 발의인의 논고 및 기존 법률이나 법안의 정당성을 변호하는 변론을 모두 듣고 나서 법안의 취소 여부나 법률의 개정 여부를 표결한 것이다. 사법행위와 입법행위를 통합한 변형 사법심사제judicial review 비슷한 이 절차가 도입되면서 민회의 의결로만 끝내던 자의적 입법관행에 제동이 걸렸다. 다만 불순한 동기를 가진 고발과 개정안 발의를 막기 위해 중도에 취하하거나 노모테타이의 표결 결과 5분의 1 이

---

14 B.C. 7세기 무렵부터 아테네는 임기 1년인 6명의 하위 아르콘들(테스모테타이)을 매년 추첨으로 선출했다. 이들은 법률의 위헌성에 대한 고발을 접수했고 고발 및 소송사건에 대해 디카스테리아의 배심원단이 내린 판결을 선고하기도 했다. 또 배심원단이 꾸려지면 재판 일자와 세부 사항을 결정하고 재판 과정을 주재했다.

15 노모테타이는 드라콘과 솔론 같은 법 제정자들을 통칭하기도 하고 추첨으로 뽑힌 아테네의 법률심사단을 일컫기도 한다. 법률심사단으로서의 노모테타이는 매년 아테네의 모든 법률을 검토하고 서로 상충하는 바가 없는지도 검토했다.

상의 찬성표를 얻지 못하면 벌금을 물렸다.

3) 원로원, 행정부: 아레오파고스와 보울레

왕국 시대의 아테네는 소수의 귀족으로 구성된 아레오파고스 Ἄρειος Πάγος라는 왕의 자문기구를 두었다. 아레오파고스는 법률의 최종 수호자로서 아르콘 후보들의 자격을 심사했고 중대 범죄를 재판했다. 그런데 B. C. 6세기 무렵 아테네를 비롯한 여러 도시국가들이 각 부족별 대표 수백 명이 모이는 보울레를 만들면서 아레오파고스의 권한이 보울레βουλή로 이관되기 시작했다. 16

아테네의 보울레는 솔론이 도입했다. 보울레는 아티카 지역의 139개 부락을 대표하는 기구로서 민회인 에클레시아 대신 각급 정무관과 각종 행정위원회를 상시 감독했으며 에클레시아를 거쳐 온 법률과 정책을 집행하는 상설정부였다. 전시와 비상시에는 에클레시아를 거치지 않고 단독 결정을 내릴

---

16 아레오파고스의 기원, 권한, 변천에 관한 다양한 학설은 다음을 참조할 것. 최자영(1995), 《고대 아테네 정치제도사 - 아레오파고스와 민주정치》, 신서원.

수 있었기 때문에 휴일을 제외하고 매일 회합했다. 애초에는 솔론의 개혁안에 따라 아테네 4개 부족이 100명씩 추첨으로 뽑은 400인으로 구성했지만 클레이스테네스가 아테네를 10개 부족으로 재편한 후에는 10개 부족이 각각 50명씩 추첨으로 뽑는 500명 회의체로 확대되었다.[17] 아테네의 여타 공직처럼 보울레 의원의 임기도 1년이고 연임과 중임은 금지했다.

상설 행정부 또는 내각과 유사한 보울레는 무엇보다 검찰, 경찰권을 가졌다. 고위 공직자를 조사할 권한을 가졌고 특히 금전 관련 비리는 철저히 수사했다. 초기에는 벌금, 투옥, 그리고 사형까지 선고할 사법-형벌권도 있었다. 나중에는 형벌권을 시민법정인 디카스테리아로 이관했는데, 그 결과 보울레가 범법행위를 확인한 공직자도 디카스테리아의 무죄 판결을 기대할 수 있었다. 국방과 군사행정도 보울레의 소관이었다. 아테네 시민들의 말 관리상태를 감독하고 아테네의 함대도 보울레가 관리했다. 에클레시아가 새 전함의 건조를 의결하면 실제 건조작업은 보울레가 주관했다. 보울레는 오늘날

17 Aristotle, *The Politics and the Constitution of Athens*, ed., S. Everson (2020), 226.

의 복지부 역할도 했다. 생업이 불가능한 장애가 있는 빈곤층은 보울레의 판정을 받은 후 아테네 재정에서 생활비를 지원받았다. 또 보울레는 임기 1년의 신전관리관 10인과 시장·식품·도량형 감시관 10인을 추첨으로 뽑아 아테네 시민의 일상을 관리하도록 했다.

4) 당번제 내각: 프리타네이스

프리타네이스πρυτάνεις는 보울레의 권한을 상시 집행한 기구다. 10개 부족을 각각 대표하는 50명이 한 팀을 이루어 1년의 10분의 1씩(당시 역법에 따라 5개 부족은 36일씩, 나머지 5개 부족은 35일씩) 돌아가면서 보울레의 행정권을 집행한 것이다. 일종의 당번제 내각인 프리타네이스는 보울레의 다양한 일상 업무를 처리했으며 외교사절도 접수했다. 한편 보울레 전체 회의와 민회의 소집권도 프리타네이스한테 있었다.

프리타네이스의 의장인 에피스타테스ἐπιστάτης는 50명 중에서 추첨으로 뽑았다. 임기가 단 하루라서 50명 중 3분의 2는 에피스타테스를 맡아야 했으며, 단임제이기 때문에 아테네 시민 절반이 이 직을 역임했다. 특히 하루살이 의장인 에피스타테스가 보울레의 전체회의를 주재했기 때문에 결과적으로 아테네의 10개 부족이 보울레의 의장을 고루 배출하게 되었다. 에피스타테스는 절정기 아테네의 최고 행정관으로서 국새state seal, 금고, 문서고를 관리했다. B.C. 4세기부터는 프리타네이스를 맡고 있는 당번 부족을 제외한 나머지 9개 부족에서 1명씩 추첨해서 9명의 공동의장πρόεδροι을 선출한 후 이 중 1명을 다시 추첨해서 민회의 의사 진행 및 안건 상정, 투표 집계를 총괄하는 에클레시아 의장직을 맡겼다.

5) 시민법정: 디카스테리온

디카스테리온δικαστήριον은 개별사건마다 수백 내지 수천 명의 시민으로 구성한 배심원단이 판결을 내리는 시민법정이다. 소송별 법정을 따로 여는 데다가 여러 법정을 동시에 열기 때문에 보통 복수형인 디카스테리아로 부른다. 배심원제도의 기원으로 볼 수도 있고, 취지는 전혀 다르지만 20세기 인민재판의 원형일 수도 있는 이 제도는 B.C. 5세기, 즉 에피알테스와 페리클레스 시대에 확립되었는데, 개인 간 소송을 심판하거나 도편추방 대상자를 결정하고 귀화나 부채의 감면 문제를 판결했다. 20세 이상의 시민이면 누구나 참석한 에클레시아와 달리 디카스테리아의 배심원은 공직 피선거권을 가진 30세 이상이라야 했다. 또 배심원이 되면 민회에 참석할 때와 달리 선서도 해야 했다. 특히 자칫하면 기소를 당하는 여타 공직과 달리 디카스테리아 배심원은 아테네의 신성한 사법주권을 행사한다는 이유로 판결에 대한 면책권을 가졌다.

아마추어 시민들의 법정인 만큼 소송 당사자들이 직접 논고하고 변론했다. 배심원의 추첨을 주관하는 사법행정관인 테모스테타이의 임기는 1년으로 제한하고 평생 한 번만 맡도록 해서 배심원 선정의 공정성을 기했다. 임기가 길거나 연임하게 되면 배심원 선정 과정에서 장난을 칠 가능성이 커지기 때문이다. 노모테시아제도가 도입된 후로는 기존 법률과 민회에 상정된 법안의 위법성도 심사하게 되었으며 B.C. 4세기 중반부터는 민회가 전담해 온 정치적 재판도 떠맡게 되었다. 이로써 민회보다 더 효과적으로 아테네의 권력투쟁에 개입하는 도구가 되었다.

처음에는 아테네의 지식인들이 배심원을 명예직으로 여기고 무료로 봉사했지만, 페리클레스가 배심원들한테 일당을 주기 시작하면서 푼돈을 바라는 사람들이 배심원에 지원하기 시작했다. 그 결과 판결의 질이 하락하면서[18] 민주주의의 질도 하락했다. 펠로폰네소스전쟁 중에 전투에서 승리한 장군들이 돌아오는 길에 폭풍우에 휩쓸려 바다에 빠진 병사들을 구하지 못했다고 선동하는 여론에 편승한 배심원단이 승전 장군 8명 중 6명한테 부당한 사형 판결을 내린 것, 그리고 B.C. 399년에 신성모독죄로 고발당한 소크라테스한테 501인의 배심원단이 다수결로 사형 판결을 내린 것은 배심원단의 자질 하락과 무관하지 않다.

6) 공정의 철학: 클레로테리온

민주정의 모델로 알려진 아테네를 고대 공화국의 사례로 넣은 것은 아테네의 공정철학이 스파르타나 로마의 공화정 정신과 통하기 때문이다. 물론 아테네도 부패를 완전히 막지는 못했다. 그러나 정치와 사법에 금전과 정실이 개입하는 것을 막은 배심원 추첨제의 치밀성을 되돌아보면 허점이 수두룩한 현대 민주주의의 선거제도를 반성하게 된다. 아테네 정치의 공정

18 같은 책, 231.

성을 표상하는 클레로테리온κληρωτήριον은 비석처럼 생긴 암석에 가로 5열(또는 10열), 세로 수십 열의 홈을 촘촘히 파놓은 추첨도구로서, 혈연과 금전으로 개개인은 매수할 수 있지만 모든 시민을 매수할 수는 없다는 사실에 착안한 장치다. 클레로테리온을 사용해서 디카스테리아의 배심원과 재판장을 배정하는 절차는 여덟 단계로 진행되었다.[19]

〈그림 2-1〉 클레로테리온

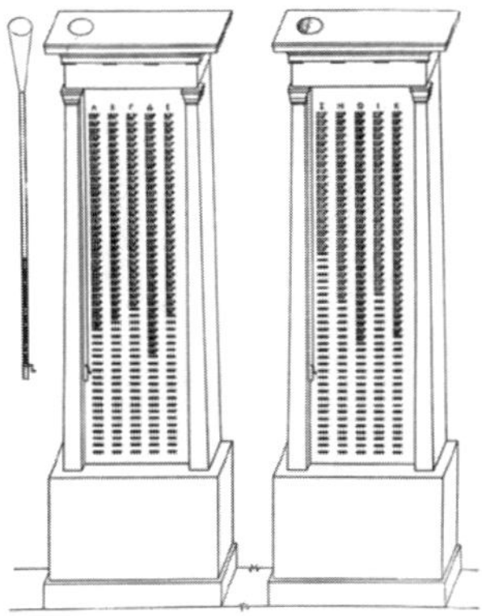

19 Aristotle, *The Politics and the Constitution of Athens*, ed., S. Everson (2020), 259~261; 아리스토텔레스·크세노폰 외, 최자영·최혜영 역(2002), 《고대 그리스 정치사 사료 - 아테네, 스파르타, 테바이 정치제도》, 신서원, 109~112쪽.

① 재판 당일 아침, 배심원을 희망하는 30세 이상의 아테네 시민들이 줄을 서서 나무토막이나 구리로 만든 명패인 피나키온에 자기 이름과 아버지의 성 그리고 자기 부족을 표기한 후에 부족별로 지정된 10개의 항아리에 넣는다.

② 디카스테리아의 행정관들은 10개의 항아리를 각각 흔들어 명패를 뒤섞은 후 각 항아리에서 명패 하나씩 무작위로 뽑는다. 이렇게 뽑힌 10명을 호명하면 호명된 사람들은 각자 자기 부족 항아리에서 명패를 하나씩 무작위로 꺼내어 클레로테리온에 새겨진 부족별 세로열에 아래로 하나씩 꼽아 나간다(10개 부족이기 때문에 가로열 홈이 5개인 클레로테리온인 경우에는 두 개의 클레로테리온이 필요하다). 이렇게 해서 배심원 지원자의 모든 명패가 부족별로 꼽힌다.

③ 클레로테리온의 상단 가장자리에 뚫은 수직 구멍에 흰색과 검은색의 청동조각을 섞어 넣는데 한 번 조작할 때마다 하단에서 조각 하나씩 나오도록 만든다.

④ 부족별로 돌아가면서 명패 하나씩 뽑을 때 청동조각도 하나씩 나오도록 한다. 흰 조각이 나오면 배심원 당첨이고 검은 조각은 탈락이다. 모든 법정에 필요한 배심원 수를 다 채울 때까지 이 과정을 계속한다.

필요한 배심원 수를 채웠다고 끝나는 게 아니다. 여러 법정을 동시에 개정하고 또 각각 다른 사건을 맡기 때문에 누가 어느 법정의 배심원이 되는지가 중요하다. 따라서 재판정을 배정하는 두 번째 단계는 특정인이 특정한 사건의 배심원이 되는 것을 막는 데 초점을 둔다.

⑤ 배심원에 당첨된 사람들은 준비된 항아리에서 알파벳이 쓰인 조각 하나씩 무작위로 뽑은 후 그 조각에 쓰인 알파벳이 표기된 다른 항아리에 자기 명패를 넣는다. 그 알파벳으로 표시되는 법정의 배심원이 된 것이다. 이와 동시에 자신이 배정받은 법정의 출입구에 표시해 놓은 색깔과 같은 색의 석고조각도 수령한다. 고의 또는 실수로 다른 법정에 가는 것을 막기 위해서다.

⑥ 배정받은 법정에 가서 석고조각을 제출한 후 배심원용 공식 토큰을 수령한다.

이처럼 모든 법정의 배심원 배정이 끝나면 마지막으로 어느 아르콘이 어느 법정의 재판장으로 갈지도 추첨한다.

⑦ 두 개의 클레로테리온을 설치한 후에 하나에는 상단의 구멍에 각각 다른 색을 입힌 여러 개의 조각을 법정의 수만큼 넣고, 다른 하나에는 재판장이 될 아르콘의 이름이 적힌 조각

들을 넣는다.

⑧ 2명의 행정관이 한쪽에서 청동조각을, 다른 쪽에서 아르콘의 이름을 적은 조각을 동시에 무작위로 꺼낸다. 각 아르콘은 자신의 이름과 동시에 뽑힌 청동조각의 색깔이 표시된 법정의 재판장으로 가는 것이다.

이 복잡한 제도 때문에 의도적으로 특정 법정의 배심원이나 재판장이 되기는 불가능했다. 먼 후일 베네치아가 공화국 수반인 도제를 선출할 선거인단 41인을 추첨할 때 사용한 금박 공과 은박 공은 아테네의 추첨방식에 쓰인 흰 청동조각과 검은 청동조각을 응용한 것으로 보인다.

정리하자. 아테네 민주정은 유자격 시민공동체를 주권자로 보고 그들끼리 모여서 모든 것을 결정한 직접민주정의 원형이다. 따라서 보편적이고 평등한 참정권이 전제된 현대 민주주의와 비교하면 제한적이며 닫힌 민주정이었다. 그렇지만 아테네 시민사회 내부적으로는 공정과 다수결을 정치와 사법의 규범으로 삼았다. 입법권과 거부권을 아레오파고스, 보울레, 민회, 디카스테리아가 분점했다는 점에서는 공화정의 특징도 있지만, 민회와 원로원과 정무관의 상호견제를 제도화한 일반적 공화정과 달리 아테네 헌정체제는 민회와 시민법정이 궁극의 주권을 행사한 원시적 민주정이었다.

페르시아전쟁과 페리클레스의 시대만 해도 델로스동맹에 힘입어 절정기를 누렸던 아테네가 한 세기도 지나기 전에 스파르타와의 펠로폰네소스전쟁에 돌입하고, 그 이후 사양길에 접어들어 마케도니아와 로마에 정복당한 것은 직접민주정의 치명적 약점을 보정할 장치가 없었기 때문이다. 다시 말하면 대중에 영합하는 궤변과 거짓말과 선동으로 민회와 디카스테리아를 교란하는 욕심 많고 질 낮은 정치인을 가려내고 견제할 장치가 없었기 때문이다. 그 결과 서툰 외교와 혼란한 내정이 서로를 도와 가면서 아테네를 몰락의 길로 이끌었다. 야심과 권력욕에 찌든 선동가와 궤변가들이 득세한 후기 아테네의 고단한 여정은 사람을 판별하고 여론을 걸러 주는 필터가 사라진 디지털 민주주의와 광장의 정치에 시달리는 현대 민주주의의 미래에 대한 묵은 역사의 경고일지 모른다.

2. 스파르타의 권력 분산과 권력자 감시

학술적으로는 현대 공화정의 기원을 고대 히브리의 공화정에서 찾기도 한다.[20] 그러나 대체로 스파르타와 로마를 공화정의 원형으로 본다. 상대적으로 자유로운 아테네 시민과 달리 스파르타 시민은 호전성, 애국심, 집체주의로 범벅된 병영국가의 전사였으며 당대의 아테네는 물론 로마와 후대 공화국의 시민들과도 판이한 삶을 살았다. 그러나 팍팍한 개인의 삶과 별개로 스파르타의 헌정체제는 안정적이었다. 인구의 20~30%도 안 되는 남성시민들만 참여한 체제라는 점에서는 아테네와 다를 바 없지만, 다수결과 형식적 평등주의에 편승한 선동에 취약했던 아테네와 달리 스파르타는 권력의 분산과 권력 간 상호 통제를 제도화함으로써 정치적 혼란을 막았다.[21]

---

20 Oscar S. Straus (1885), *Origin of Republican Form of Government*, G. P. Putnam's Sons, 101~144.

21 스파르타의 정치체제, 교육, 사회, 가치관에 대한 설명은 주로 플루타르크와 크세노폰의 기록 및 기타 해설서들을 참고했다. Plutarch, *On Sparta*, ed. & tr., Richard J. A. Talbert (2005), Penguin Books, 3~131, 194~211; 최자영 · 최혜영 편역 (2002), 《고대 그리스 정치사 사료》, 신서원,

리쿠르고스의 법을 토대로 삼아 만들었다는 스파르타의 헌정체제는 그리스가 마케도니아와 로마에 정복당할 때까지 800년 가까이 존속했다. 스파르타의 헌정체제를 이해하려면 그 사회적 배경을 살펴봐야 한다. 도리아식 기둥양식처럼 단순검박한 도리아족의 공화국 스파르타의 정규시민Σπᾰρτῐᾱ́της은 "우리는 모두 하나다"라는 뜻의 호모이오스Ὁμοῖος였다. 그리고 자영농민과 장인계층인 페리오이키Περίοικοι 및 최하층인 헤일로타이εἱλῶται, 즉 노예들이 그 밑을 받치고 있었다.

스파르타 공화국의 정체성은 강인하고 호전적인 군사문화다. 크세노폰에 따르면 스파르타의 아버지들은 어린 아들이 친구한테 맞고 들어오면 더 때렸다고 한다. 스파르타 시민의 3대 의무도 군사 훈련, 체력 단련용 스포츠, 정치 참여였다. 여타 도시국가들은 시민들이 생업에 자유롭게 종사하다가 전시에만 군인으로 출정하는 민병제 국가였지만 스파르타 시민들은 상비군이었다. 이 때문에 스파르타의 정규시민은 군사

9~29쪽; Paul A. Rahe(1994), *Republics Ancient and Modern*, vol. 1, *The Ancient Regime in Classical Greece*, 149~171; Henry Mann(1879), *Ancient and Medieval Republics: A Review of Their Institutions, and of the Causes of Their Decline and Fall*, A. S. Barnes & Co, 22~48.

훈련과 체력 단련 이외의 일상적인 육체노동은 할 수 없었다.

토지 경작을 비롯한 육체노동은 주로 라코니아 출신이거나 전쟁포로로 끌려와 노예가 된 헤일로타이가 전담했다. 헤일로타이는 중세 농노보다 훨씬 더 가혹한 처우를 받았다. 예를 들면, 왕을 감독하는 5명의 에포로이가 1년의 임기를 개시하는 매년 가을 어느 날을 정해서 헤일로타이에 대한 전쟁을 선포한 후 잘못이 있건 없건 자신이 소유한 헤일로타이를 정해진 횟수만큼 두들겨 팼다. '노예임을 잊지 말라'고 상기시키는 정치적 행사인 동시에 모든 시민한테 전사의 용기와 체력단련 기회를 부여하는 군사적 이벤트였다. 노예로 삼기에 힘이 너무 센 헤일로타이는 반란을 미리 막기 위해 사형에 처하기도 했다.

중간 신분인 페리오이코이는 참정권이 없는 자유민이었다. 일종의 예비군이자 숙련 기술자인 이들은 가혹한 처우는 받지 않았고 갑옷과 무기 제작 및 수리를 맡았다.

스파르타의 여성은 다른 도시국가의 여성보다 더 많은 자유와 권리를 누렸다. 결혼지참금과 상속재산을 여성의 명의로 할 수 있기 때문에 남자들이 대거 전사한 전쟁 직후에는 부유한 여성들이 늘어났다. 한때는 스파르타 토지의 5분의 2를 여성이 소유했던 적도 있다. 여행도 비교적 자유로웠고 미래의 전사를 낳으려면 강인해야 한다는 이유로 운동 및 체력 훈련에 남성과 똑같이 나체로 임했다. 특히 젊은 여성과 결혼한 나이 든 남성은 자신이 판단하기에 심신이 출중한 젊은 독신 남성을 자기 부인한테 소개했다. 이것은 미래의 스파르타 전사를 생산할 자기 부인한테 강인하고 우수한 유전자를 소개하는 사회적 관습이었다.

스파르타의 군사문화를 지탱한 것은 교육이다. **22** 정규시민이 낳은 남아는 7세부터 국가가 운영하는 교육시스템인 아고게Ἀγωγή에 들어갔다. 아고게는 교육, 양육, 훈련을 뜻한 말이며 스파르타의 모든 남아가 의무적으로 이수한 공교육 시스템이다. **23** 여기서 가르친 것은 애국심과 극기훈련, 군사훈련, 사냥과 춤, 노래 등 사회적 교류를 위한 기본기다.

공교육은 출생 직후부터 시작되었다. 아들이 태어나면 와

---

22 일반시민은 투표하거나 포고문을 읽을 정도의 문해력만 가르쳤고 왕, 외교관, 장군은 웅변술, 독해, 작문 훈련을 했다. 스파르타의 여성들은 댄스, 체조를 배웠고 교양, 우아함과 같은 특성을 배격했다. 건강한 남아를 낳기 위해서 여성도 육체적, 정신적으로 고강도 훈련을 받았다.

23 에우리폰티드와 아기아드 가문. 두 왕가의 장남은 예외였지만 이들도 원하면 입교할 수 있었다.

인으로 씻긴 후 같은 부족 출신의 게로우시아 의원이 건강상태를 점검했으며 불합격한 영아는 깊은 계곡이나 산속에 여러 날 방치해서 죽지 않아야 거둬들였다. 이 시험을 통과한 아이들은 일단 집에서 키우다가 일곱 살이 되면 아고게에 입교해서 3단계 과정을 이수한다. 7~17세의 파이데스, 17~19세의 파이디스코이, 20~29세의 헤본테스 과정을 다 마치면 시민권을 얻고 스파르타 군에 등록하는데, 병역의무는 60세까지였다. 전쟁이 일상화된 국가답게 결혼은 30세 이후에 하도록 권장했다.

아고게에 들어가 12세가 되면 1년에 붉은 망토 한 벌만 지급했고 칼 대신 손으로 갈대를 뽑아 각자의 침상을 만들도록 했다. 인내심과 자립심을 키운 것이다. 전쟁터의 굶주림에 익숙하도록 식사도 일부러 소량 배급했다. 어린 학생들은 선배인 젊은 남성들과 개별적으로 짝을 지어 장기적인 훈육관계를 맺었다. 이들은 어린 학생의 상관인 동시에 선생이었다. 이 제도 때문에 플루타르크와 일부 역사가들은 스파르타와 테베 등 그리스 도시국가들이 병영 내의 동성애를 조장하는 방식으로 전우애와 전투력을 강화했다고 암시한다. **24**

18세부터 예비군인이 되는데 이때부터는 밤에 돌아다니거나 불온한 언행을 내비치는 헤일로타이를 살해하는 크립테이아κρυπτεία를 실행할 수 있었다. 크립테이아는 비밀 경찰조직이라는 설도 있고 노예를 죽여도 되는 제도라는 설도 있는데, 18세 이상의 시민이 야간에 외출한 노예나 반역을 입에 담는 노예를 단검 하나만 갖고 죽인 이 관행을 전투훈련으로 간주하고 애국적인 행위로 칭송했다고 전해진다.

20세가 되면 스파르타의 정식군인이 된다. 일반시민들처럼 아고게의 교육생들도 15인씩 그룹으로 공동 식사를 하는데, 특정 식사그룹에 가입 신청을 한 신참이 15인 전원의 찬성을 받지 못하면 다른 그룹에 가입 신청을 다시 해야 했다. 30세가 되도록 아무 그룹에도 가입하지 못하면 동료시민과 어울릴 자격이 없다고 해서 시민권도 주지 않았다.

아테네는 왕정에서 민주정으로 진화했지만 스파르타는 왕정(두 왕과 에포로이), 귀족정(게로우시아), 민주정(민회)의

---

24 아테네의 역사가·철학자·장군으로서 펠로폰네소스전쟁과 스파르타에 관한 기록을 남긴 크세노폰에 따르면, 아고게는 입교생을 육체적·정신적으로 강인한 시민전사로 기르기 위해 의복과 식량을 생존수준으로만 배급했고 맨발로 살게 했다. Xenophon, *Spartan Society*, ed., J. Talbert(2005), *On Sparta*, 195~197; 플루타르크는 어린 학생과 일대일로 짝을 맺고 훈육을 맡은 성인 남성을 '애인'(lover)으로 표현했다. 같은 책, 22.

세 체제를 혼합한 공화정을 처음부터 실시했다. 스파르타의 헌정체제도 스파르타 사회처럼 엄격했다. 사치를 경멸하고 전체(公)를 위해 개인(私)을 희생한 스파르타의 시민상은 근대 서유럽에서 고전적 공화주의classical republicanism의 이름으로 부활한 고대 시민상의 원형이다. 검소한 의식주를 즐기면서 무기와 재산과 덕성과 용기를 두루 갖춘 스파르타의 시민은 대외적으로는 구국의 전사이며 대내적으로는 폭정을 거부하는 자유시민이었다. 고대 그리스 도시국가들 가운데 권력의 폭정 사례가 흔치 않았던 대표적인 나라가 스파르타인 것은 이 때문이다.

1) 2명의 왕

B.C. 8세기에 리쿠르고스가 크레타의 공화정체제를 모방해서 만든 스파르타의 헌정체제는 2명의 세습 왕을 5명의 선출직 에포로스들(즉, 에포로이)이 견제하는 방식으로 폭정을 막았다. 임기제로 선출된 시민대표들이 종신제인 세습군주를 견제하는 방식이다. 후일 로마 공화국이 집정관과 법무관 등 고위 정무관을 한꺼번에 2명 이상 뽑아서 서로 견제하게 만든

것은 스파르타의 제도를 변형한 것으로 보인다. 스파르타의 양대 왕가는 아기아드agiad와 에우리폰티드eurypontid였는데 전시에는 한 사람만 출정하고 남은 왕이 정무를 맡았다. 집정관 한 사람이 전쟁에 나갈 때 나머지 한 사람한테 내정을 맡겼던 로마 공화국의 제도도 스파르타의 선례를 참고한 것으로 추측된다.

스파르타의 왕은 제우스의 사제, 즉 제사장이었다. 2명의 왕ἀρχᾱγέται은 각각 신탁을 받아 올 메신저를 두 사람씩 지명할 수 있었다. 신탁을 받을 일이 생기면 이 4명의 메신저 중 한 사람이 델피신전에서 신탁을 받아 왔다. 이 제도는 왕이 제사장이라는 것을 상징한 것이다. 왕은 이 제도 덕분에 신탁을 정치적으로 활용할 수 있었다. 왕은 또 아테네의 폴레마르코스처럼 군대를 지휘하는 장군, 즉 최고 지휘관이기도 했다. 전투에 나가지 않는 오늘날의 공화국 대통령과 달리 스파르타의 왕들은 전투에 앞장서서 용맹을 과시하는 모범을 보여야 했다.

스파르타의 왕은 도로의 유지 및 보수를 관장했고 입양 승인권도 가졌다. 약혼 전에 아버지를 여읜 처녀의 남편을 정해 주는 권한도 왕한테 있었다. 스파르타는 금전적 탐욕을 공화정의 해악으로 보고 상거래나 화폐 소유를 금지했기 때문에 재산을 불릴 수단은 상속뿐이었고, 이 때문에 입양 승인권과 결혼상대 지정권은 시민 개인의 재산을 좌우하는 중요한 권한이었다. 다만 어떤 공직도 여타 공직을 압도하면 안 된다는 공화정의 원칙에 따라 2명의 왕은 부족별로 뽑힌 28명의 현인과 함께 원로원인 게로우시아를 구성했으며 5명의 에포로스로부터 밀착감시와 상시견제를 받았다.

2) 시민의 왕권 감시 및 견제: 에포로이

에포로이ἔφοροι는 2명의 왕을 보좌하는 동시에 감시한 임기 1년의 에포로스ἔφορος 5명을 가리키는 말이다(에포로이는 에포로스의 복수형). 원로원인 게로우시아에 소속된 의원들이 각각 자기 부족민 중에서 고른 후보들 가운데 5명을 민회가 매년 투표로 뽑았다.[25] 플루타르크에 따르면 에포로이는 왕과 게

25 에포로이에 관한 설명은 다음을 참조. Paul A. Rahe(1994), *Republics Ancient and Modern*, vol. 1, *The Ancient Regime in Classical Greece*, 158~162; Humfrey Michell(1952), *Sparta*, Cambridge University Press, 윤진 역(2000), 《스파르타》, 신서원, 123 ~128쪽.

게로우시아에 치우친 리쿠르고스 법의 과두정 경향을 완화하기 위해 리쿠르고스 사후 130여 년이 지나서 도입했다고 한다.[26] 에포로이는 왕을 포함한 30인의 게로우시아와 협의해서 정무를 총괄했는데, 5명의 의견이 엇갈리면 다수결로 정했다. 종신제인 왕이나 게로우시아 의원과 달리 에포로스는 45세 이상의 스파르타 시민 모두한테 개방된 1년짜리 선출직이었고 권한이 막강한 만큼 중임과 연임을 금지했다.

공화정의 규범인 권력자 감시라는 관점에서 흥미로운 것은 종신직인 2명의 세습 왕이 임기 1년에 불과한 에포로스들을 아이가 부모 대하듯 두려워했다는 사실이다.[27] 왕이 에포로이를 두려워한 것은 스파르타의 헌정체제 때문이다. 에포로이는 왕 앞에서 앉아 있을 수 있는 유일한 공직이었고 임기를 시작할 때 왕이 '법을 지키는 한' 왕을 수호하겠다고 선서했다. 이에 덧붙여 왕과 에포로이는 매달 마주 서서 준법을 서약했다. 이것은 왕과 최고위 공직자 모두가 법 아래에 있다는 법치의 대원칙을 반복해서 새기는 정치적 제례였다.

---

26 Plutarch, *On Sparta*, ed., Richard J. A. Talbert (2005), 10.

27 Paul A. Rahe (1994), *Republics Ancient and Modern*, vol. 1, *The Ancient Regime in Classical Greece*, 161.

따라서 왕이 법을 어기거나 국가에 해를 끼쳤다고 판단하는 즉시 에포로이는 왕을 기소하고 재판할 수 있었다. 또 이들은 9년마다 맑은 그믐날 밤을 택해 밤새 하늘을 관측하다가 유성이 떨어지면 왕 하나 또는 둘 다 법을 어겼다는 하늘의 계시로 판단해서 왕을 기소하고 왕권을 정지시켰다. 이 경우 왕이 결백을 입증할 수단은 신탁뿐이었다. 이 때문에 스파르타의 왕들이 유죄 판결을 받은 사례가 허다하다.

스파르타의 외교도 에포로이가 관장했다. 외지인이 스파르타에 체류할 수 있는 기간과 스파르타인이 외지에 체류할 수 있는 기간은 에포로스들이 정했고 외국 사절단을 맞이하거나 외교적 협상을 주도하는 대사의 권한도 행사했다. 또 왕을 재판할 때 임석하는 대법관이면서 군대의 지휘권도 행사했다. 로마의 원로원처럼 전시에는 군대편성권을 행사했고 전투에 실패한 장군들을 소환하기도 했다. 2명의 왕 가운데 하나가 출정하면 5명의 에포로이 가운데 두 사람은 왕과 동행했다. 로마 공화국의 집정관이 민회와 원로원을 소집하고 주재한 것처럼 스파르타의 수석 에포로스는 게로우시아와 민회를 소집하고 주재했다. 에포로이는 아고게의 교육과정 감독관으로서 스파르타 시민들한테 허용할 음악과 시도 정했고 징세 및 재정 지출도 관장했다. 스파르타의 거의 모든 일상을 민회를 대표하는 시민 5명이 기획한 셈이다.

이처럼 왕권을 견제하면서도 자신들은 거의 견제받지 않는 막강한 권한을 가졌기 때문에 정치적 의도를 갖고 왕을 기소한 에포로스들도 있지만 이들의 권력 남용 사례는 그리 많지 않다. 임기가 끝나면 후임 에포로이가 재임 시의 공과를 공개 검증해서 책임을 물었기 때문이다. 고위 공직자 퇴임 후에 재임 중의 과오와 위법행위를 심사한 공직자 사후심사제는 고대 그리스의 도시국가 다수가 채택한 제도로서 중세 말 근대 초의 베네치아 공화국에서 부활하기도 했지만 현대의 대의제 공화정하에서는 임기 중 탄핵제도로 대체되었다.

3) 민회를 견제한 원로원: 게로우시아

게로우시아γερουσία는 스파르타의 원로원이다. 스파르타의 각 부족에서 존경받는 원로들 가운데 민회에서 뽑는 28명과 당연직인 2명의 왕을 합친 30인 회의체다.[28] 2명의 왕은 나이에

28 Plutarch, *On Sparta*, 8~9.

상관없이 게로우시아의 당연직 의원이지만 나머지 28명은 각 부족에서 존경받는 60세 이상 원로여야 했다. 지혜와 덕성이 연륜에 비례한다는 고대 정치의 상식 때문에 스파르타도 연장자에 대한 존경심이 각별했다. 당시 수명과 잦은 전쟁을 고려하면 흔하지 않았을 60세 이상으로 자격을 정한 것도 늙을수록 경륜과 지혜가 깊어진다고 믿었기 때문이다.

나이가 들면 보이는 대로 믿지 않고 들리는 대로 믿지 않기 때문에 성급한 결론을 내리지 않는다는 믿음은 고대 정치의 바탕이었다. 게다가 게로우시아 의원들은 대부분 부유한 귀족 가문 출신이기 때문에 체제의 급변을 원하지 않았다. 현대의 양원제에서 상원이 대체로 그렇듯 스파르타의 게로우시아도 체제의 급격한 변동과 불안을 막아 주는 정치적 방파제였던 것이다.

게로우시아 의원 28명을 선출하는 제도는 후보 한 사람씩 무대 앞으로 나올 때마다 민회 참석자들이 함성을 지르면 옆 건물에서 대기하는 심사관들이 가장 큰 함성의 주인공을 당선자로 판정하는 득점투표제score voting 또는 range voting였다. 방청객의 박수소리 크기에 따라 가수왕을 결정하는 지금 방식의 원형이다. 다만 당시에는 함성의 크기를 객관적으로 측정할 기술이 없었기 때문에 판정관들이 옆 건물에서 기다려야 했다. 가장 큰 함성의 주인공이 누구인지 몰라야 했기 때문이다.

게로우시아 의원이 되는 것은 스파르타 시민의 가장 큰 명예였다. 게로우시아는 에포로이가 관여하지 않는 일상 현안에 대해서도 왕을 자문했고 왕도 이를 존중했다. 게로우시아는 또 민회에 상정할 안건을 토론하고 민회의 선택에 맡길 몇 가지 대안을 마련해서 송부했다. 특히 민회의 결정이 민회의 권한을 넘었다고 판단하면 권력분립 원칙에 따라 거부권을 행사하고 민회로 반송했다. 오늘날 미국 상원이 그렇듯이 민회(즉, 하원)의 모든 결정과 선전포고는 원로원인 게로우시아의 승인을 얻어야 했다. 오늘날 양원제하의 상원-하원관계는 스파르타의 역사에 기록된 민회와 게로우시아의 관계를 변용한 것으로 볼 수 있다.

게로우시아는 아테네의 아레오파고스와 보울레처럼 법원 역할도 했다. 특히 에포로이에 의해 기소된 왕을 재판하는 중대사안인 경우는 게로우시아와 에포로이가 함께 지금의 대법원과 상원이 가진 탄핵 심판권 비슷한 재판권을 행사했다.

4) 심의권과 공직자 선출권을 가진 민회: 아펠라

아펠라Ἀπέλλα는 아고게를 수료한 30세 이상의 스파르타 정규 시민들의 민회다. 아펠라는 28명의 게로우시아 의원과 5인의 에포로스를 선출했다. 추첨방식의 아테네 민회와 달리 스파르타의 민회는 앞에서 설명한 함성 투표방식을 썼는데, 함성의 크기가 비슷할 때는 사람 수를 세기도 했다.

민회의 의장은 대체로 수석 에포로스가 맡았다. 아테네를 비롯한 여타 도시국가와 달리 스파르타의 민회는 정책의제나 입법의제를 독자 선정하지 않고 자유토론도 하지 않았다. 에포로이와 게로우시아가 심의해서 보내온 몇 가지 대안 중 하나를 택하거나 민회에 회부된 법안에 대한 찬반만 의결한 것이다. 특히 조약의 체결, 전쟁과 휴전 등 외교문제에 대해서는 형식적인 최종 결정권만 행사했다. 예를 들어 전운이 감돌 때 게로우시아가 전쟁을 결의하면 민회는 전투 개시일을 최종 결정하는 식이다. 이 때문에 스파르타한테 동맹을 제의할 외국 사절들은 게로우시아의 의중을 먼저 타진했다. 게로우시아가 에포로이와 협의한 후에 아펠레의 찬반을 묻는 순서로 진행되었기 때문이다.

정리하자. 후기의 아테네가 민주정의 약점을 파고든 선동가와 군중정치의 제물이 된 것처럼 후기의 스파르타에서도 정치적, 문화적 정체성이 약화되고 경제가 쇠락하는 틈을 타 왕위를 찬탈하고 에포로이마저 무시한 마카니다스와 나비스 같은 폭군이 등장했다. 여기에 마케도니아와 로마 사이를 신의 없이 오가는 외교적 난맥상이 더해지면서 로마에 정복당하고 말았다.

그렇다고 해서 스파르타 공화정의 역사적 가치가 줄어드는 것은 아니다. 개인의 자유라는 측면에서는 바람직하지 않은 집체주의 병영국가지만, 2명의 왕과 5명의 에포로이가 게로우시아 및 아펠라와 통치권을 분점한 스파르타의 헌정체제와 임기제 선출직인 에포로이가 종신제 세습직인 왕을 감시하고 처벌한 철저한 권력 감시제도는 현대 공화정이 흉내 낼 수 없는 민주주의 정신의 원형이다. 다만, 스파르타의 민회인 아펠라는 아테네의 민회나 오늘날의 의회와 달리 입법권을 독점하거나 단독 행사하지 않았다. 아테네의 민회가 디카스테리아와 함께 입법권을 독점했다면 스파르타의 민회는 게로우시아와 에포로이가 다듬어 보내온 법안 중 하나를 택하거나 제시된 정책에 대한 찬반을 의결하는 데 그쳤다. 게다가 스파르타 민회의 결정은 게로우시아가 거부할 수 있었다.

이렇게 보면 스파르타는 2명의 왕, 28명의 현인으로 구성된 원로원, 임기제 정무관인 5인의 에포로이가 권력을 분점하고 서로를 견제하는 가운데 최종적으로 민회의 선택과 승인을 얻는 체제였다. 이 점에서 민회가 우월적 지위를 가졌던 아테네의 민주정과는 다르다. 그러나 통치권의 분점, 권력자에 대한 인적·제도적 감독, 권력기구 간의 거부권 제도와 상호견제를 제도화했다는 점에서 스파르타는 그 뒤를 이을 여러 공화국의 원형으로 대접받을 자격이 있다.

3. 로마 공화국: 'res publica'와 권력분점의 제도화

로마도 원래는 선출된 왕이 다스리는 왕정이었다. 로마의 공화정은 B.C. 509년에 시작되는데, 이때부터 귀족과 평민의 세력다툼을 조정해 가면서 민주정, 귀족정, 군주정의 균형-혼합체제를 유지했다.

물론 귀족 출신인 고위 정무관과 원로원이 법과 정책을 실질적으로 주도했다는 점에서 로마 역시 고대 정치의 속성을 탈피하지는 못했다. 그러나 사회세력 간의 갈등을 조정하면서 행정권-입법권의 분립과 권력기구 간의 상호견제를 확립했다는 점에서는 현대 공화정의 교본이다.

로마 사회는 개별 가문, 몇 개 가문을 합친 가문연합gentes (씨족), 가문연합을 여럿 합친 쿠리아curia (종족), 그리고 여러 쿠리아가 모인 트리부스tribus (구역) 순서로 구성되었다.[29] 왕정 시대에는 3개의 귀족 트리부스만 있다가 세르비우스 툴리우스 왕 이후 30개의 트리부스로 편성되었다.[30] 그리고 공화국 중기인 B. C. 241년에는 켄투리아 민회의 편제를 개혁하는 과정에서 35개 트리부스로 재편되었다.

---

29 Henry Mann (1879), *Ancient and Medieval Republics*, 123.

30 로마를 시내 중심부의 귀족 동네를 제외한 30개 구역 (네 개는 시내, 26개는 외곽) 으로 구획했다. Henry Mann (1879), *Ancient and Medieval Republics*, 126~128.

1) 로마의 여러 민회[31]

아테네나 스파르타와 달리 로마 공화국의 민회는 여럿이다. 정무관을 선출하고 법안을 승인하고 재판권을 행사했다는 점은 아테네나 스파르타와 비슷하지만 로마의 민회는 입법권을 행사하는 대신 원로원과 집정관이 발의한 법안을 의결(사실상 승인)함으로써 합법성을 부여하는 소극적인 장치였다.

민회가 열리기 전에는 사전 설명회, 즉 콘벤시오 또는 콘티오conventio, contio를 열었다. 집정관과 법무관 등 고위 정무관이 콘티오에서 법안을 미리 설명한 후 계급별 또는 지역별로 편제된 민회인 코미티아comitia를 개최해서 투표에 부치는 순서였다. 콘티오는 원로원에서 특정 법안과 정책이 발의된 배경을 설명하거나 민회의 의결에 부칠 법안을 설명하는 모임이지만 오늘날의 공청회와는 달리 질의도 토론도 없는 일방적 설명회였다.

---

31 로마 민회에 대한 설명은 다음을 참조했다. Lily Ross Taylor(1990), *Roman Voting Assemblies: From the Hannibalic War to the Dictatorship of Caesar*, University of Michigan Press.

쿠리아 민회, 켄투리아 민회, 트리부스 민회, 평민회는 원로원과 집정관이 상정한 법안을 수정·보완할 수 없었고 찬반만 의결했다. 실제로 당시 라틴어에는 다양한 선택지를 앞에 놓고 행하는 적극적인 선택 행위를 가리키는 말이 없었다. 투표를 뜻하는 suffragium은 원래 '소리를 내다'라는 뜻이다.[32] 스파르타 민회가 게로우시아 의원을 선출할 때 함성으로 투표한 것처럼 소리를 질러 찬성을 표한다는 뜻이다. 즉, 투표하기, 투표, 투표인을 뜻하는 라틴어 suffragor, suffragium, suffragator는 지지support 또는 승인approval이라는 뜻만 가지고 있었다.[33]

(1) 쿠리아 민회와 켄투리아 민회

쿠리아 민회comitia curiata는 로마 초기의 3대 부족(tities, ramnes, luceres)을 각각 10개의 쿠리아로 편제해서 생긴 30개 쿠리아 전체의 민회다. 가장 먼저 생긴 민회이며 종교의식을 주관하는 사제가 취임할 때 열었기 때문에 점복관의 점

32 Lily Ross Taylor (1990), *Roman Voting Assemblies*, 2.

33 Henrik Mouritsen (2017), *Politics in the Roman Republic*, Cambridge University Press, 19.

괘를 보고 개회했다. 다수결이지만 1인 1표제가 아니라 쿠리아별로 한 표씩 행사하는 집단투표제block voting를 썼다. 로마의 모든 민회는 편제 단위별로 내부의견을 결정한 후 1표씩 행사했다. 이런 방식은 왕국 시대에 새 왕이 즉위할 때 각 쿠리아 단위로 모여 함성으로 승인하던 전통에서 유래했다고 한다.**34** 그러나 주요 권한이 켄투리아 민회comitia centuriata로 이관된 후에는 켄투리아 민회가 뽑은 고위 정무관을 추인하는 명목상의 민회로 위상이 추락했다. 다만 켄투리아 민회가 선출한 고위 정무관은 쿠리아 민회의 승인, 즉 렉스 쿠리아타lex curiata de imperio를 획득해야만 합법적 통치권인 'imperium'을 부여받은 것으로 여겨졌다.

로마 공화국의 대표 민회는 켄투리아 민회다. 재산과 무기를 소유한 15세 이상의 남성시민 모두가 참여했다. 켄투리아는 로마군의 편제 단위인데 시민이 유사시에는 군인이기 때문에 민회도 군대식으로 편제했다. 193개 켄투리아로 시작했다가 나중에 350개 켄투리아로 재편되었는데, 100인대百人隊라는 뜻을 가진 각 켄투리아의 실제 인원은 수십 명에서 수천 명

---

34 Henrik Mouritsen(2017), *Politics in the Roman Republic*, 16.

까지 다양했다. 쿠리아 민회를 대체한 이 민회는 고위 정무관의 선출, 집정관과 원로원이 제출한 법안의 의결, 중대범죄의 재판을 맡았다. 원로원이 제출한 전쟁 결의안의 승인권도 있었고 개별 시민의 재산, 세금, 신분(계급)을 확정하는 센서스의 결과도 이 민회의 승인을 받아야 했다.[35]

켄투리아 민회는 매년 7월에 집정관과 법무관을 비롯한 고위 정무관을 선출했다. 고위 정무관을 선출할 경우에는 주로 퇴임을 앞둔 현직 집정관이 주재했다. 이들은 후보자 명단을 낭독한 후 자신이 원하는 후보를 공개적으로 밝혔다. 마음에 안 드는 후보는 후보명단을 소개할 때 빠트리기도 했고, 특정인을 지목한 후 그가 당선되면 합법적 당선자로 간주하지 않겠다고 선언하기도 했다. 이렇게 보면 대개 현직 집정관이 지목하거나 추천한 사람을 투표라는 요식행위만 거쳐 뽑은 셈이다.

각 켄투리아별로 내부의견을 수렴한 후에 한 표씩 행사하기 때문에, 투표담당관인 로가토레스rogatores가 각 켄투리아 대표한테 찬반 또는 지지후보를 일일이 물어봐서 표를 집계했

---

35 종전 및 화평에 관한 결정권은 원로원의 고유권한이다.

다. 후기에는 찬반 또는 지지후보를 적어서 제출하는 방식으로 바뀌었다. 법률을 만들거나 개정할 때는 'V'uti rogas(원하는 대로) 또는 'A'antiquo(원래대로)로 표기했고 판결을 할 때는 '유죄'condemno 또는 damno 또는 '방면'absolvo 또는 libero으로 표기했다. 의결 정족수는 과반이었다.

초기에는 제6대 왕인 세르비우스Servius Tullius(B.C. 578~535에 재위)가 만든 편제, 즉 전체 시민을 신분과 재산에 따라 193개 켄투리아로 편성한 당시 로마군의 편제를 따랐다.

초기 켄투리아의 구성은 다음과 같다. 귀족 켄투리아 6개와 말을 소유한 부유한 평민 켄투리아 12개를 합한 18개의 기병 켄투리아가 있었고, 그 다음에 170개의 평민 보병 켄투리아는 정기 센서스에 의해 공인된 재산 정도에 따라 다섯 계급으로 나뉘었다. 80개의 보병 제1계급 켄투리아는 사슬 갑옷과 투구, 방패와 창, 검을 살 수 있는 평민으로 편성했으며 노(45~60세), 소(15~45세)에 각 40개 켄투리아가 있었다. 보병 제2계급의 20개 켄투리아는 나무 방패와 칼을 가진 평민으로 편성했고 노, 소 각 10개의 켄투리아를 두었다. 이런 식으로 보병 제3계급 켄투리아 20개, 제4계급 켄투리아 20개, 궁수와 투척기 전담병으로 구성된 제5계급 켄투리아 30개를 두었다.

그리고 170개의 보병 켄투리아와 18개의 기병 켄투리아를 합친 188개 켄투리아에 최하층 시민들proletarii로서 비무장 나팔수, 목수, 철공들로 편성된 5개 켄투리아를 합쳐 총 193개 켄투리아로 편성한 것이다. 수천 명이 소속된 하급 켄투리아와 수십, 수백 명뿐인 상급 켄투리아가 똑같이 한 표씩 행사했기 때문에 귀족과 부자의 1인당 투표 비중이 훨씬 더 컸다. 게다가 당시 수명을 생각하면 45세 이상의 노병 켄투리아에 소속된 인원이 젊은 켄투리아 소속 인원보다 적을 수밖에 없는데도 각 계급에 배당된 켄투리아의 절반은 노병 켄투리아로 편성했다. 이처럼 귀족과 부자, 늙은 시민을 평민, 젊고 가난한 시민들보다 우대한 것은 전쟁이 일상인 당시의 현실에서는 말과 갑옷과 무기를 살 돈이 중요했기 때문이며, 연륜에 비례하는 전투 경험과 정치적 판단력이 중요했기 때문이다.

지금 눈으로 보면 이런 편제시스템은 불공정하다. 그러나 로마를 지킬 전쟁에 사용될 무기를 시민이 각자 사야 했던 당시에는 이 형식적 불공정이 실질적인 공정이었다. 세금을 내고 외적의 약탈을 물리칠 재산을 가진 사람들만 정치와 전투에 참여할 수 있던 시대에는 소유한 재산과 무기에 비례해서 참정권을 차등화하는 것이 공정이기 때문이다. 이처럼 켄투리아 민회의 편제방식은 정치를 재산과 자유를 수호하는 신성한 행위로 여긴 고대의 정치관과 실질적 공정관념을 반영하고 있었다.[36]

투표 순서는 더 재미있다. 상위계급부터 차례로 투표하는데, 상급 켄투리아가 투표를 끝내야 다음 계급이 투표할 수 있었다. 즉, 귀족-기병 켄투리아 18개와 보병 제1계급 80개 켄투리아의 투표만 끝나도 과반이 넘기 때문에 보병 제2계급 이하는 투표할 기회조차 오지 않는 귀족과 부자 위주의 투표제였다.

그래서 평민의 입김이 커진 B.C. 241년에는 373개 켄투리아로 개편했다. 로마 전체를 35개 트리부스tribus(혈연부족이 아니라 징세와 주민 관리를 위한 행정구획)로 편성한 트리부스 민회의 편제를 기초로 해서 각 트리부스마다 10개의 켄투리아를 배정하고, 이렇게 해서 생기는 350개의 보병 켄투리아에 기존의 귀족-기병 켄투리아 18개와 비무장 켄투리아 5개

---

36 켄투리아 민회의 편제와 그 변천사는 Lily Ross Taylor(1990), *Roman Voting Assemblies*, 85~106.

를 더해 총 373개의 켄투리아로 재편한 것이다. 트리부스마다 10개씩 배정된 켄투리아는 전과 마찬가지로 재산에 따라 다섯 계급으로 나누어 각 계급별 2개의 켄투리아 중 하나는 노병들한테, 다른 하나는 젊은 병사들한테 배정했다. 그 결과 귀족-기병 켄투리아 18개, 보병 제1계급 켄투리아 70개, 보병 제2계급 켄투리아 70개의 투표가 모두 끝나도 158표에 불과해서 과반인 187표에 못 미쳤다. 제3계급이 투표하기 전에는 과반이 안 되게 해서 중하층 평민도 민회의 결정에 참여할 여지가 생긴 것이다.**37**

흥미로운 것은 보병 제1계급 70개 켄투리아 가운데 하나를 무작위 추첨해서 켄투리아 프라이로가티바centuria praerogativa, 즉 우선권 켄투리아로 선포한 후, 이 켄투리아가 가장 먼저 투표해서 그 결과를 공표하면 그것을 주피터 신의 뜻으로 간주하고 나머지 켄투리아들이 그대로 따랐다는 점이다.**38**

---

37 B.C. 82년 무렵 귀족당의 수장인 술라(Lucius Cornelius Sulla)가 독재관이 되어 켄투리아 민회의 원래 편제(servian organization)를 복구했지만 B.C. 70년에 집정관 폼페이우스(Pompey Magnus)와 크라수스(Marcus Licinius Crassus)가 다시 되돌렸다. 이후 더 이상 변하지 않다가 B.C. 27년에 로마의 초대황제 아우구스투스가 켄투리아 민회의 권한을 원로원으로 이관했다.

(2) 트리부스 민회와 평민회

트리부스 민회comitia tributa는 로마를 35개 트리부스로 나누어 편제한 민회다. 각 트리부스가 한 표씩 행사하는 집단투표제를 썼다. 트리부스 민회는 두 가지다. 하나는 귀족인 집정관과 법무관이 소집한 민회, 즉 통상적인 트리부스 민회다. 다른 하나는 호민관이 소집해서 평민만 참석한 평민회concilium plebis다. 다시 말해서 로마의 평민회는 트리부스 민회의 한 종류다. 평민회의 법이 귀족한테도 적용된 후로는 평민회와 트리부스 민회의 구별이 무의미해졌다고도 하지만 트리부스 민회에 참석한 시민은 'populus', 평민회에 참석한 평민은 'plebs'로 구별했다. 또 트리부스 민회가 승인한 법은 'leges', 평민회가 승인한 법은 'plebiscita'로 구별했다. 따라서 집정관과 법무관이 소집하고 귀족과 평민 모두가 참석한 민회는 트리부스 민회comitia populi tributa로, 호민관이 소집해서 평민만 참석한 민회는 평민회concilium plebis tributum로 구분한다. 트리부스 민회든 평민회든 정무관 선거 때는 모든 트리부스가 동시에 투표하고 재판이나 법안 승인 건인 경우는 정해진 순으로

---

38 Henrik Mouritsen(2017), *Politics in the Roman Republic*, 45~46.

투표했다.[39]

트리부스 민회가 선출한 정무관은 고등안찰관curule aediles과 재무관quaester 등 중하급 정무관이다. 사안에 따라서는 원로원과 집정관이 제출한 법안에 대한 찬반도 의결했고 중대 범죄 아닌 일반 형사사건의 항소심도 다루었다. 통상적인 트리부스 민회는 고위직인 집정관과 법무관이 소집하고 주재했다. 트리부스 민회의 결정에 거부권을 행사하려면 해당 회의를 주재한 정무관과 직급이 같거나 더 높아야 했기 때문에 집정관이 소집했다면 다른 집정관이, 법무관이 소집했다면 법무관보다 높은 두 집정관 중 누구라도 거부권을 행사할 수 있었다.

귀족과 평민의 오랜 갈등을 해소할 타협책인 평민회가 설치되면서 호민관과 평민안찰관aedilis plebis 등 평민 정무관직이 신설되었다. 편제와 의사진행 및 투표방식은 트리부스 민회와 같지만 호민관이 소집권자이며 평민만 참석할 수 있었다는 점에서 달랐다. 평민회가 설치되면서 평민이 고위 공직에 진출할 수 있게 되었고, 평민 출신이 맡는 호민관제도가 생기면서 퇴임한 고위 정무관들만 진입해 온 원로원에 평민도 들어

39 Lily Ross Taylor(1990), *Roman Voting Assemblies*, 64.

가기 시작했다.

평민회의 정치적 비중은 서서히 커졌다. 원래 평민회를 통과한 법안은 평민한테만 적용하고 원로원이 그 법안을 거부할 수도 있었지만 B. C. 449년의 법lex valeria horatia de plebiscitis과 B. C. 339년의 법lex publilia philonis de plebiscitis**40** 그리고 B. C. 287년에 평민독재관 호르텐시우스가 만든 법에 따라 평민회를 통과한 법도 귀족을 포함한 로마 시민 전체에 적용되기 시작했다. 또 평민회의 법에 대한 원로원의 사후 승인권을 사전 승인제로 바꿔서 평민에 대한 원로원의 감독권도 없앴으며 나중에는 사전 승인제마저 폐지했다. 이로써 로마 공화국의 귀

---

40 다양한 학설을 종합하면 대체로 다음과 같다. lex publilia(푸브릴리우스의 법안들)는 로마 공화정 시대에 평민의 세력을 키운 일련의 법안이다. B. C. 471년에는 푸브릴리우스(Volero Publilius)가 발의하고 집정관 바르바투스가 원로원을 설득해서 관철한 법(lex publilia of B. C. 471)이 제정되었다. 이 법은 쿠리아 민회나 켄투리아 민회가 선출하던 호민관을 트리부스 민회가 뽑도록 해서 귀족들이 호민관 선거에 영향을 미칠 수 없도록 했다. B. C. 339년에 제정된 같은 이름의 법(lex publilia of B. C. 339)은 집정관 푸브릴리우스(Quintus Publilius Philo)가 발의한 법인데, 감찰관 2명 중 1명을 평민으로 뽑도록 했다. 또 귀족이 우세한 쿠리아 민회의 권한을 법안 동의권으로 축소했고, 평민한테만 적용되던 평민회의 결정이 귀족을 포함한 로마시민 전체에 적용되도록 했다.

족들은 평민회에 대한 통제 수단을 상실했고 평민과 귀족의 정치적 권리가 적어도 형식적으로는 대등해졌다.

2) 원로원: 현대 상원제도의 원형

로물루스가 로마를 건국한 후 자문기구로 설치했다는 종신제 원로원senatus은 왕정에서 공화정으로, 또 공화정에서 제정으로 바뀌는 과정에서 왕, 민회, 집정관, 황제의 자문기구로 끈질기게 존속했다. 왕정 시대에는 원로원이 왕을 선출한 적도 있지만 공화정 시대에는 최고 심의기관으로서 집정관을 자문했다. 또 민회가 뽑은 정무관을 인준하고 민회를 통과한 법을 비준했다(공화정 후기에는 법안 비준권을 없앴다). 특히 로마와 같은 전쟁국가의 핵심 권력인 군대의 신설, 편성 및 배치권과 외교권은 원로원의 소관이었다.

원로원은 새로 취임하는 집정관의 책임과 권한을 정했다. 법률 제정권은 없지만 민회를 통과한 법을 비준하거나 사전 승인할 권한auctoritas patrum[41]이 있었다. 원로원의 소집권은 집

---

41 아버지, 어른의 권위, 사제의 권위라는 뜻. 영어 authority와 author의 뿌

정관한테 있었지만 집정관도 원로원의 권고senatus consulta는 대체로 따랐다. 원로원은 사려 깊고 원숙한 귀족정의 장점을 발휘하는 기구였기 때문에 공화정 중후기 이전에는 민회의 모든 결정이 원로원의 비준을 받아야 했다. 로마 공화정의 공직제도가 계속 변하는 가운데 원로원만 종신제를 유지한 것은 원로원을 신의 뜻을 헤아릴 줄 아는 현인들의 회의체로 존중했기 때문이다.

공화정 말기에는 율리우스 카이사르가 원로원 규모를 1천명까지 늘렸지만 초기의 원로원은 100명 남짓한 귀족으로 구성된 소규모 자문기구였다. 처음에는 집정관이 원로원 의원을 선임했지만 곧 집정관, 법무관, 호민관 등 고위 공직을 퇴임한 자들이 감찰관의 심사를 거쳐 원로원 의원이 되었다. 즉, B.C. 318년 무렵 평민회가 원로원 의원의 선발권을 감찰관한테 주는 법을 만든 후에는[42] 5년마다 2명의 감찰관이 퇴

리인 라틴어 auctoritas는 주피터신을 비롯한 하늘의 뜻을 해석할 수 있는 신성한 권리에 따라오는 정치적·사법적 권위다. 원로원의 감독권과 비준권은 모두 이 권위에서 비롯된 것이다. 신과 인간을 매개하는 종교적 특권에서 비롯된 권위를 뜻한 이 말은 정무적 권위를 뜻하는 potesta나 집정관의 통치권을 뜻하는 imperium의 세속적 권위와 구별되었다.

42 이때는 평민회의 결정이 귀족한테도 적용되게 한 lex publilia(of B.C.

임한 공직자(특히 집정관과 법무관) 들 가운데 신임 원로원 의원을 지명했다. **43** 고위 정무관 출신이 원로원 의원이 되기 때문에 하급 정무관인 재무관(30세 이상) 에 선출된 후 안찰관(36세 이상), 법무관(39세 이상), 집정관(42세 이상) 과 감찰관을 거쳐 원로원 의원이 되는 것이 출세 코스의 표준이었다. 다만 직급별 연령상한제가 엄격했기 때문에 39세가 넘도록 법무관이 못 되면 집정관도 될 수 없고, 집정관이 못 되면 감찰관도 될 수 없었다. 원로원 의원은 외교권을 갖기 때문에 이탈리아 바깥으로 나가려면 원로원 전체의 승인을 얻어야 했다. 외교권을 가진 공직자가 외국과 내통하는 것을 막기 위해서다. 원로원 의원은 공적 사업의 계약당사자가 되는 것도 금지되었다. 이권에 연루되거나 부패할 가능성을 막기 위해서다.

---

339) 가 제정된 후다.

43 그러나 국가적 위기가 닥치거나 내전 같은 비상시에는 독재관이 원로원 의원을 임명하거나 원로원 스스로 새 의원을 선임했다.

3) 복수의 정무관

로마의 행정권은 집정관, 호민관, 독재관, 법무관, 감찰관, 안찰관, 재무관이 행사했다. 여기서는 원로원 및 민회와 함께 공화정을 실질적으로 운용한 고위 정무관 제도를 살펴본다.

(1) 2명의 집정관, 또는 통령: 콘술

B.C. 509년에 왕정을 폐지한 로마인들은 왕을 대신할 귀족 출신 집정관(콘술consul)을 2명 선출했다. 평민과 귀족의 계급 전쟁이 시작된 B.C. 5세기 초에는 평민이 포함된 10명의 군사호민관tribuni militum consulari potestate(십인관)을 뽑아 집정관을 대신한 때도 있지만(B.C. 444, 408~394, 392~367) 로마 공화정의 최고 통치권은 대체로 2명의 귀족 출신 집정관이 행사했다.

로마 공화정을 이해하려면 파트리키우스patricius로 알려진 귀족들의 사회적·정신적 지위를 알아야 한다. 'res publica', 즉 공화국 로마는 로마 시민 전체populus romanus가 로마의 신과 맺은 파트너십에 토대를 둔 나라다. 당시 로마인들은 신의 보호와 지지가 로마의 번영에 절대적이라고 믿었다. 따라서 중

대사를 결정하거나 전투에 임할 때 신의 뜻을 묻는 제사와 의례가 중요했는데, 전통적으로 상속재산 규모가 큰 귀족들이 제사장을 맡았다. 민회와 집정관이 귀족들의 기구인 원로원에게 의견을 구하고 민회의 결정을 귀족 출신 집정관이 거부할 수 있었던 배경에는 귀족이 신과 더 가깝다는 믿음이 있었다. 다시 말해서 원로원과 고위 정무관은 위로는 신의 뜻을 묻고 아래로는 시민의 동의를 구함으로써 주피터 신과 로마 시민을 매개하는 정신적 · 정치적 교량이었다.

민회에서 뽑힌 집정관한테 민회의 소집권과 주재권을 주고 민회에 대한 거부권을 준 것은**44** 이처럼 집정관이 주피터 신의 뜻을 전달하는 메신저의 위상을 지녔기 때문이다. 후임 정무관을 선출하기 위해 모인 민회를 주재하는 현직 집정관이 후보들 가운데 한 사람을 추천하면 민회가 대체로 그 사람을 뽑은 이유가 이것이다. 민회에 법안 발의권이 없었던 것,**45**

---

44 B. C. 215년에 켄투리아 민회를 주재한 집정관(Quintus Fabius Maximus)은 켄투리아 프라이로가티바, 즉 373개의 켄투리아 중에서 가장 먼저 투표한 켄투리아의 투표 결과가 마음에 들지 않자 이를 재고하도록 요구해서 관철했다. B. C. 184년에는 민회가 플라쿠스(Fulvius Flaccus)를 법무관으로 뽑았지만 집정관이 거부했다.

45 로마정치의 제도와 관행은 시대별로 다르지만 민회와 정무관의 관계는 대

또 집정관이 "다음 날에 합시다alio die"라는 말 한마디로 켄투리아 민회나 트리부스 민회를 중단시킬 수도 있었던 것도 이 때문이다. **46**

집정관이 귀족의 전유물로 존속한 또 다른 이유도 있다. 집정관을 선출하는 켄투리아 민회의 편제와 투표방식이 귀족들한테 유리했고(앞 절 참조), 현직 집정관이 차기 집정관을 추천 내지 사실상 지명하는 관행도 평민 출신 집정관의 등장을 어렵게 했다. B.C. 367년에 2명의 집정관 중 하나를 평민 출신으로 뽑는 법을 만들고 나서 그 이듬해에 호민관 출신인 평민 섹스티우스 라테라누스Lucius Sextius Lateranus가 집정관이 된 적은 있지만, 이후 300여 년간 배출된 600여 명의 집정관 가운데 평민은 십수 명에 불과했다.

임기가 1년인 2명의 집정관은 매년 7월에 선출되었고 연임은 금지되었다. 중임은 가능했지만 영향력의 축적을 막기 위

체로 일정했다. 민회가 정기적으로 열린 아테네와 달리 로마에는 민회의 소집을 명문화한 법이 없었다. 의장을 맡는 집정관이나 법무관은 회의를 소집하고 절차를 통제했으며 해산권도 있었다.

46 Henrik Mouritsen(2017), *Politics in the Roman Republic*, 16~19, 22~24.

해 10년 정도가 지난 후에나 가능했다. 2명의 집정관이 1개월씩 교대로 정무를 봤기 때문에 1인당 6개월씩 통치한 셈인데, 둘 중 하나가 부당한 결정을 내리거나 시민의 권리와 자유를 침해했다고 판단하면 동료 집정관이 언제든 거부권을 행사했다.

집정관은 평시에 행정, 입법, 사법을 넘나드는 권한을 행사했다. 민회의 결정과 원로원의 포고를 집행하고 소환 및 체포권을 행사했다. 원로원보다 먼저 외국 사절을 접견할 권한도 있었다. 집정관은 민회와 원로원의 의장이기 때문에 두 집정관이 한 달씩 번갈아 민회와 원로원을 소집하고 주재했다. 대부분의 정무관은 사실상 집정관의 감독과 거부권에 노출되어 있었다. 집정관을 견제할 수 있는 것은 법률, 원로원의 법령, 동료 집정관의 거부권뿐이었다. 다만 집정관이라도 감찰관, 호민관, 독재관의 결정에 대해서는 개입할 수 없었다.

집정관의 경호와 수행을 담당한 12명의 릭토르lictor는 로마의 통치권을 상징하는 파스케스fasces(여러 개의 벚나무 봉을 끈으로 묶어 기둥처럼 만들고 그 윗부분에 도끼날을 꼽은 의전용 무기)를 들고 다녔다. 도끼는 집정관의 사법권을 상징하기 때문에, 집정관이라도 정당한 재판 없이는 로마 시민을 죽일 수 없다는 뜻으로 로마 관내에서는 도끼를 빼고 다녔다. 또 집정관이 민회를 주재할 때는 집정관의 권한이 로마 시민한테서 나왔다는 의미로 모든 릭토르가 12개의 파스케스를 일제히 앞으로 숙이도록 했다.

집정관은 또 군 최고 사령관이었다. 큰 전쟁이 아니라면 집정관 1명만 총사령관으로 출정하고 나머지 1명은 남아 정무를 처리했다. 드물게 2명이 다 출정하면 하루씩 번갈아 지휘권을 행사했다. 평시의 집정관은 로마 관내에서는 사형과 같은 중벌을 부과할 수 없지만 최고 사령관인 전쟁터에서는 군인이든 민간인이든 임의로 처벌할 수 있었다. 집정관은 몇몇 종교의식도 주관했기 때문에 출정 직전에 하늘의 징조를 살피는 사제 역할도 맡았다.

이처럼 막강한 권한을 행사하기 때문에 1년 임기를 끝낸 집정관은 임기 중의 행위와 자신이 내린 처분을 소명했다. 재임 중 저지른 범죄가 있다면 일반시민처럼 재판도 받았다. 정적의 음모로 알려지긴 했지만, 포에니전쟁의 영웅인 집정관 스키피오 아프리카누스Publius Cornelius Scipio Africanus(대 스키피오)도 전쟁이 끝난 후 공금 유용과 직권 남용으로 기소된 바 있다.

막강했던 집정관의 권한은 세월이 가면서 감찰관과 법무관한테 일부 이관되었다. 우선 B.C. 5세기 후반에는 센서스census의 권한이 신설된 2명의 감찰관한테 이관되었고 주심 재판관의 권한도 법무관한테 이관되었다. 이후 집정관은 중대 사건이나 원로원 결의에 의해서만 주심 재판관이 되었다. 임기가 끝난 집정관은 원로원 권고에 따라 전임 집정관proconsul 자격으로 속주 총독을 지내기도 했다. 로마가 제정으로 바뀐 후에도 집정관제도는 존속했지만 민회가 유명무실해지고 황제가 집정관을 임명하기 시작하면서 공화정 시대의 집정관은 사라졌다.

(2) 시한부 독재권: 독재관

정치적 혼란이나 외교적 위기가 생기면 원로원이 집정관들한테 독재관(딕타토르dictator)을 임명하라고 조언했다. 그러면 두 사람이 합의하거나 추첨해서 둘 중 한 사람이 신임 독재관을 선임했다. 이 경우 동료 집정관은 거부권을 행사할 수 없었다. 독재관 지명자가 쿠리아 민회의 추인을 받아 집정관의 통치권을 이양받은 다음에는 집정관을 비롯한 모든 정무관이 독재관의 명령을 따라야 했다. 그 대신 임기는 6개월 이내로 못 박아 장기 집권을 막았다. 독재관은 24명의 릭토르가 수행

했는데 이것은 그가 2명의 집정관을 대신했기 때문이다.[47]

독재관의 권한도 공화정 후기로 가면서 축소되었다. 대외 원정 규모가 커지면서 6개월 임기로는 불가능한 전쟁이 늘어났기 때문이다. 물론 집정관을 일곱 번이나 지낸 마리우스 Gaius Marius(B. C. 157~86)와 집정관을 두 번 지낸 후 독재관이 된 술라Lucius Cornelius Sulla Felix(B. C. 138~78), 그리고 집정관을 지낸 후 독재관이 된 카이사르가 독재관의 임기를 연장하고 독재관의 지위를 정적 제거에 이용하면서 무제한 권력자로서의 독재관이 되살아나기도 했다. 1인의 권력 독점을 용납하지 않던 로마 공화정이 1인 치하의 제정으로 타락하기 시작한 것이 그때다.

(3) 2명 이상의 법무관: 프라이토르

'앞장서는 자'라는 뜻을 가진 법무관(프라이토르praetor)은 두 가지 의미로 쓰였다. 전시에 군대를 지휘하는 집정관, 즉 군대 지휘관을 가리키는 말이나 사법권을 행사하는 법무관을 가

47 독재관에 대해서는 Mark B. Wilson(2021), *Dictator: The Evolution of the Roman Dictatorship*, University of Michigan Press를 참조.

리키는 말로 쓰였다. 법무관은 로마 공화국 중기에 신설되었다. B.C. 367년에 집정관 한 사람은 평민으로 뽑는 법이 제정되자 원로원의 혈통 귀족들이 집정관의 민사 재판권이 평민 출신한테 넘어가지 않도록 하려고 사법권만 따로 갖는 법무관직을 신설한 것이다.

법무관의 임기는 집정관과 같은 1년이며 켄투리아 민회가 선출했다. 직제상 집정관 바로 아래지만 집정관과 비슷한 권위를 누렸다. 민사 및 대부분의 형사재판을 주재했고 형사사건일 경우에는 배심원 임명권이 있었다. 2명의 집정관이 모두 로마를 비우면 법무관이 원로원을 소집하고 로마의 방어를 지휘하는 등 집정관 역할을 대신했다. 법무관을 수행한 릭토르는 집정관의 절반인 6명이다.

로마가 커지고 법무관의 업무량이 늘면서 B.C. 242(246?)년에는 2명으로 늘리고 로마 관내 시민들 간의 민사담당 법무관praetor urbanus[48]과 외부 송사담당 법무관praetor peregrinus으로 나누었다. 둘 중 누가 무엇을 맡을지는 추첨으로 정했다. 로

48 관내를 담당한 법무관들은 B.C. 67년 이전까지 매년 법학자들의 조언을 받아 칙령들(edicta)을 공포함으로써 자신의 판결 기준(ius honorarium)을 마련했다. 이것이 로마법의 토대다.

마 관내 담당은 열흘 이상 로마를 떠날 수 없었다.

B.C. 227년에 다시 2명을 추가해서 시칠리아와 사르디니아를 각각 맡겼고, B.C. 197년에 2명을 또 추가해서 스페인 지역의 속주들을 맡겼다. B.C. 1세기에는 술라가 또 2명을 추가해서 8명으로 늘렸고, 마지막에 카이사르가 2명을 추가해서 공화정 말기에는 법무관이 10명까지 늘었다.

(4) 2명의 감찰관: 켄소르

로마의 센서스는 B.C. 6세기 중반에 제 6대 왕인 세르비우스 툴리우스가 군대와 민회를 편성하고 세금을 부과하기 위해 인구 및 재산실태를 조사하면서 시작되었다. 공화정으로 바뀐 후에는 집정관이 센서스를 맡았지만 B.C. 443년부터 신설직인 감찰관(켄소르cēnsor)이 담당했다. B.C. 351년에 가이우스 마르키우스 루틸루스Gaius Marcius Rutilus, 속칭 Rutulus가 첫 평민 출신 감찰관이 되기 전까지는 감찰관직 역시 귀족들이 독점했다. 집정관을 역임한 사람을 감찰관으로 뽑는 관행 때문이다. B.C. 339년에 1명의 감찰관은 평민으로 뽑도록 했지만 평민 출신 감찰관이 센서스 권한을 행사하기까지는 60년을 기다려야 했다.

감찰관의 임기는 집정관보다 긴 18개월이며 중임도 가능했다. 그러나 대부분 단임으로 끝났기 때문에 5년마다 시행하는 센서스를 맡아 본 감찰관은 일부였다. 로마와 이탈리아 반도의 남부를 연결한 도로(appian way)와 대 수로를 건설한 아피우스 클라디우스Appius Claudius Caecus는 트리부스 민회의 편제를 정비하고 원로원 의원의 선임권을 행사하면서 3번이나 감찰관을 연임(B.C. 312~308)했는데, 이후 감찰관은 집정관 다음의 막강한 직위가 되어 퇴임한 집정관들이 맡는 공직이 되었다.

감찰관도 집정관처럼 2명이었고, 켄투리아 민회가 집정관의 주재하에 선출했다. 한 사람이 임기 중에 사망하면 초기에는 임시 감찰관을 뽑았지만 나중에는 2명을 아예 다시 뽑았다. 현직 감찰관이 자기와 내통할 사람을 뽑도록 공작할 가능성 때문이다. 또 선거 당일 1명만 뽑히고 날이 저물면 다음 날 처음부터 2명을 다시 뽑았다. 이 또한 미리 뽑힌 감찰관이 자신과 의기투합할 사람을 뽑으려고 공작할 가능성을 막기 위해서다.

감찰관의 가장 큰 권한은 센서스였다. 센서스는 재정을 충당하고 민회를 편성할 기초 통계를 작성하는 정치적 프로젝트

였기 때문에 불응한 자는 사형, 투옥되거나 노예로 팔렸다. 신분, 거주지, 재산, 납세 기록을 인증하는 센서스를 근거로 개인의 세금을 결정하고 켄투리아 민회와 트리부스 민회의 구성과 편제를 정비했다. 또 원로원에서 제명할 자와 새로 선임할 자를 추려서 원로원 명부도 개정했다.

로마 공화국의 모럴, 정체성, 관습, 전통의 수호자인 감찰관은 공중도덕과 공직윤리를 감독했다. 원로원 의원을 포함한 공직자들과 시민을 감독하고 처벌할 권한을 가졌으며 신분에 어긋난 불명예를 저지른 자의 시민권을 빼앗거나 신분을 강등시켰다. 적령기가 넘도록 독신을 고집하고 아이를 안 낳는 것, 부당하게 파혼 또는 이혼하는 것, 부모에 대한 패륜, 자식과 부인을 가혹하게 대하는 것, 자식한테 지나치게 관대한 처사, 사치와 과소비, 경작 태만행위, 노예에 대한 가혹행위, 공직자의 부패와 부당한 처신, 위증은 모두 감찰관이 처벌했다. 예산을 편성하고 공공건축과 공공사업의 입찰행위를 감독하는 것도 감찰관의 직무였다.

(5) 2명 이상의 호민관: 트리부누스 플레비스

평민회가 선출하는 호민관(트리부누스 플레비스tribunus plebis)은 귀족이 대부분인 고위 정무관들과 원로원을 견제했다. 몸젠은 호민관의 권한을 이렇게 설명했다.

> 호민관은 행정권과 사법권을 임의로 제지할 권한, 병역 의무자를 아무런 벌칙 없이 군 복무에서 면제해 줄 권한, (평민) 채무자에 대한 소송과 강제 집행을 막거나 취소할 권한, 형사소송의 개시를 막고 피의자 신문을 제지하거나 취소할 권한 등 많은 권한을 갖고 있었다. … (부당한 처분을 받은 평민의 청원을 언제라도 받을 수 있도록) 호민관의 집 대문은 밤낮으로 열려 있어야 한다고 규정되어 있었다. 민회의 결정을 한마디 말로 거부할 수 있는 권한도 호민관한테 부여되었다. 49

호민관은 2명에서 5명을 거쳐 10명까지 늘었다. 집정관과

---

49 Theodor Mommsen(1902), *Romische Geschichte*, Bd. 1, Buch 2, Berlin, 김남우 · 김동훈 · 성중모 역(2014), 《몸젠의 로마사》, 푸른역사, 제 2권, 43쪽.

마찬가지로 원로원의 소집권을 가졌고 평민회를 소집하고 주재할 권한을 가졌다. 원로원과 평민회에 법안을 제출할 권한을 가졌으며 귀족과 법적 분쟁 중인 평민을 대변했다. 평민을 대상으로 한 재판도 주재했다. 그러나 권력분립 측면에서 호민관의 가장 중요한 권한은 집정관, 감찰관, 법무관의 처분과 켄투리아 민회와 트리부스 민회의 결정 그리고 원로원의 포고령에 대한 거부권이다. 호민관은 평민에게 부당한 처분을 내린 정무관을 직접 만나거나 부당한 포고령을 내린 원로원에 출석해서 거부권을 행사했다. 독재관을 제외한 다른 어떤 정무관의 간섭도 받지 않았으며 독재관을 제외한 모든 정무관을 상대로 거부권을 행사했다. 호민관은 집정관의 판결과 거부권을 무시할 수 있었지만 집정관은 호민관의 판결과 거부권을 무시할 수 없었다. 정무관의 처분에 불만을 품은 평민의 호소를 듣고 처분의 위법성을 확신한 호민관의 중재권ius intercessionis에 대해서는 누구도 이의를 제기할 수 없었다.

호민관은 불가침권sacrosanct이라는 특권을 가졌다. 호민관의 신체에 위해를 가하거나 호민관의 거부권을 무시한 자는 중벌에 처했다. 다만 호민관의 거부권과 불가침권은 호민관을 수호하겠다는 평민들의 서약에 기초하기 때문에 평민이 거주

하는 로마 관내 및 그 주변 1마일 내에서만 효력이 있었다. **50**

정리하자. 전성기의 로마 공화국을 그리스인의 눈으로 관찰한 폴리비우스는 로마 공화정을 왕정, 귀족정, 민주정의 균형과 상호견제를 제도화한 이상적인 균형-혼합체제로 봤다. 왕과 귀족과 평민이 맡은 각각의 권력기구가 다른 두 기구를 견제하게 만들어서 권력 집중을 막았다는 것이다.

그런데 집정관과 원로원 의원을 지내면서 후반기의 로마 공화정을 직접 겪은 키케로는 조금 달리 봤다. 물론 키케로도 왕정, 귀족정, 민주정을 혼합한 체제가 더 낫다는 점은 인정했다.

> … 나는 괜찮은 세 체제(군주정, 귀족정, 민주정)와 이들에 각각 대응하는 나쁜 세 체제(참주정, 과두정, 중우정)를 지적했는데,

---

50 호민관으로 부족하다고 생각한 평민들이 귀족 출신 집정관의 권한을 줄이자는 압력을 가하자 귀족들은 귀족과 평민 모두에게 개방된 10인 호민관제를 만들어서 집정관을 대체하기로 평민들과 합의했다(B.C. 457). 이 합의에 따라 B.C. 451년에는 호민관과 집정관을 대신할 10인의 (임시) 호민관을 선출했지만 10인 호민관제(decemviri)는 곧 원래의 집정관제와 호민관제로 회귀했다.

괜찮은 셋을 적당히 섞은 체제가 순수한 형태의 각 체제보다 우월하다고 말하였다. … **51**

그러나 키케로는 로마 공화정이 실제로는 귀족정이며 당시 로마가 평민을 통합할 수 있었던 것은 평민회가 평민의 권력 행사 기회를 줬기 때문이라고 봤다. 평민회를 공화국의 지분이 평민한테도 있다는 모양새만 갖춰 준 기구로 본 것이다.**52** 평민회를 비롯한 로마의 민회들이 적극적 입법행위보다는 원로원과 집정관이 발의한 법안과 집정관이 추천한 후보를 사실상 승인하는 역할을 했다는 점을 생각하면 키케로의 평가도 옳다. 실제로 후기로 가면서 평민회를 통과한 법안을 둘러싼 호민관 대 원로원의 알력과 호민관 대 감찰관의 분쟁이 빈발했다. 그렇다면 '클래식 로마', 즉 전성기의 로마 공화정이 권력의 분립과 균형이 완벽하고 부드럽게 작동한 모범적 공화정이라는 폴리비우스와 리비우스의 서술은 너무 미화된 것일지

---

51 Marcus Tullius Cicero, *The Republic and The Laws*, trans. Niall Rudd, Oxford University Press, 56~57. 한국어 번역본은 김창성 역, 《국가론》, 209쪽을 참조할 것.

52 Henrik Mouritsen(2017), *Politics in the Roman Republic*, 14~15.

모른다.[53] 그러나 비록 형식적인 분립과 균형체제에 그쳤다고 해도 권력의 집중과 폭정을 무엇보다 경계한 로마 공화국의 제도와 정신 그 자체는 먼 후일 이탈리아의 도시공화국들과 미국의 헌정모델이 되기에 충분했다.

53 같은 책, 110.

3장

근대 이행기의 공화국: 피렌체와 베네치아

로마 공화정이 무너진 후 기독교와 봉건제 그리고 군주제에 밀려 한동안 사라진 공화정은 중세 말과 근대 초에 걸쳐 이탈리아의 신흥 상공업 도시들에서 부활했다. 폴리비우스가 폭정을 막을 최상의 체제로 지목했던 균형-혼합체제governo misto의 우수성을 르네상스 시대의 이탈리아에서 설교한 대표적인 인물은 마키아벨리와 귀치아르디니Francesco Guicciardini(1483~1540)다. 공화정 말기의 로마인 티투스 리비우스가 쓴 《도시의 창건기부터*Ab Urbe Condita Libri*》에 대한 주석서로 마키아벨리가 저술한 《리비우스의 로마사 첫 10권에 대한 논고*Discorsi sopra la prima deca di Tito Livio*》[1]는 1531년에 출간되었고, 귀치아르디니의

《이탈리아의 역사*Storia d' Italia*》는 1561년에 출간되었다. 그런데 베네치아, 피렌체, 볼로냐, 제노바를 비롯한 이탈리아 도시국가들은 스파르타와 로마의 균형-혼합체제를 이미 나름대로 실험하고 있었다. 고대와 마찬가지로 지배계층 내부에 국한된 과두제 공화정이긴 했지만 특정 세력, 특히 특정 가문의 권력 독점과 폭정을 견제하기 위해 마련한 이들의 치밀한 정치제도는 대의제를 핑계로 오히려 허술해진 현대 민주공화국의 정치에 시사하는 바가 크다.

1. 피렌체: 권력의 단기 순환과 차등 임기제

모든 나라가 그렇듯이 피렌체의 공화정도 당파투쟁과 계급갈등 속에서 전개되었다. 피렌체 공화정의 역사는 크게 네 단계다. 첫 단계는 신성 로마 제국의 토스카나 영지에서 분리 독립한 1115년부터 메디치가의 지배가 시작된 1434년까지다. 이 300년은 길드연합 내에서 우위를 차지한 대길드와 세도가

---

1 니콜로 마키아벨리, 강정인·김경희 역(2019), 《로마사논고》, 한길사.

들이 주도한 과두제 공화정의 시대다. 두 번째는 메디치 가문이 장악한 1434년부터 1494년까지인데, 이때는 공화정을 가장한 군주정이었다. 가장 짧은 세 번째 단계는 메디치 가문이 잠시 추방된 틈에 베네치아를 벤치마킹한 대평의회 중심의 공화정 체제를 운용한 1494년부터 1512년까지다. 네 번째는 메디치가가 복귀한 1512년부터 공화정이 종식된 1532년까지다. 이렇게 보면 피렌체의 공화정 시대는 350년이 안 된다.

피렌체가 전통 귀족을 완전히 배제한 평민길드 공화국의 입지를 확고히 다진 것은 13세기 말이다. 그 계기는 구역별 민병대장인 20명의 곤팔로니에레gonfaloniere를 대표하는 정의의 곤팔로니에레gonfaloniere di gustizia라는 최고 지휘관 겸 최고 정무관직을 신설한 것이다. 전통귀족에 맞서 평민을 보호하려고 만든 이 직제는 1293년부터 1295년에 걸쳐 볼로냐의 법을 참고해서 제정한 정의의 법령들ordinamenti di giustizia에 근거해서 설치되었다. 2

---

2 'res publica', 즉 공화정의 번영을 도모하기 위해서라는 명분을 내걸고 제정한 이 법령들은 각자 자신한테 합당한 몫만 권리로 누리는 것이 정의라는 로마의 정의 관념에 근거했다. 평민 상공업길드가 생산하는 부가 피렌체의 번영을 좌우하기 때문에 전통 농업귀족의 정치적 권리는 제한하는 것이 마땅

14세기 전반의 피렌체는 정의의 법령을 토대로 해서 힘 가진 자들의 폭정을 예방하는 공화국체제를 만들어 나갔다. 행정권과 사법권을 가진 시뇨리아는 로마 공화국의 정무관과 유사하고 시뇨리아를 자문하는 12인 현인회dodici buono uonomi는 일종의 평민 원로원이다. 구역 민병대장gonfalonieri di compagnia 회의, 평민회, 코뮌회는 모두 민회에 해당한다. 다만 아테네처럼 추첨으로 공직자를 뽑았다는 점에서는 스파르타, 로마, 그리고 동시대의 베네치아와 달랐다.

1) 시뇨리아: 9인 정부

시뇨리아signoria는 길드연합을 구역별로 대표하는 8명의 프리오르3와 최고 정무관인 정의의 곤팔로니에레를 합친 9인 협의체 정부다. 이들은 12인 현인회와 16인 구역대장단으로 구성된 꼴레지와 협의해서 법안을 발의했다.4 그러나 시뇨리아의

하다는 뜻이다. John M. Najemy (2008), *A History of Florence 1200～1575*, Blackwell Publishing, 83.

3 초기의 6개 구역을 4개 구역으로 재편한 후 구역별로 2명씩 추첨으로 뽑았다.

4 이 법안은 하원인 평민회 (consiglio del popolo) 와 상원인 코뮌회 (consiglio

임기는 2개월에 불과했고 수뢰와 독직을 막기 위해 임기 내내 시뇨리아궁Palazzo della Signoria에서 단체로 생활하게 했다.

시뇨리아의 수장인 정의의 곤팔로니에레는 피렌체 공화국의 수반이며 기벨린파 귀족들에 맞선 겔프파 평민들의 대표였다. 프리오르는 30세 이상의 길드 회원 모두에게 개방된 정무관이지만 그 후보가 되려면 공직자 자격심사scrutini를 통과해야 했다. 채무가 없고 직전 또는 근래에 프리오르를 맡은 적이 없어야 했다. 공직자의 채무는 부패의 원인이고 같은 공직을 연속해서 맡으면 독직의 위험이 크기 때문이다. 특히 한 번에 여러 명을 추첨하기 때문에 같은 가문에서 당첨자가 또 나오면 무효로 선언하고 다시 추첨했다. 공과 사의 경계선이 무너지는 가장 큰 원인이 혈연이기 때문이다.

시뇨리아 선출제도는 공화정의 전성기인 14세기만 해도 여러 번 바뀌었다. 유력 가문 몇몇이 주도해서 만든 1328년 방식에 따르면 2년(또는 3년) 마다 현직 프리오르 8명, 6개 구역

---

del comune)의 심의와 의결을 거쳤다. 다만 평민회와 코뮌회는 시뇨리아가 회부한 법안에 대한 심의권만 있고 법률 제정권은 없었다. 비상시에는 14세 이상의 모든 남성시민이 참여하는 파를라멘토(parlamento)를 소집했고 임시위원회 비슷한 발리아(balia)도 운용했다.

의 평민 대표 6명, 대상인 길드연합회mercanzia의 대표 5명이 지명한 후보들의 명단을 새로 작성했다. 거대 상업자본가들이 여타 길드의 영향력을 배제하기 위해 길드연합 차원의 지명권을 없앤 것이다.[5] 후보를 추리는 심사단계에서는 심사단 전원이 모든 지명자에 대해 일일이 투표해서 3분의 2 이상의 찬성을 얻은 자만 최종후보 명단에 넣었다.[6] 그리고 심사를 통과한 이들의 명패를 세 개의 자물쇠로 봉인한 보르세borse(가방)에 넣어 산타크로체Santa Croce 성당의 성구 보관실에 두었다. 가방 열쇠 세 개는 피렌체 근교의 수도원과 이 수도원의 수녀원 대변인 그리고 평민대장이 각각 따로 보관했다.

---

5 대길드를 장악한 유력 가문들의 영향력을 키운 이 선거제도로 인해 1329년부터 1342년까지 프리오르로 선출된 연인원은 총 584명이지만 실제로는 207개 가문 출신만 302명이었다. 이 302명 중 89명은 프리오르를 두 번, 75명은 세 번, 13명은 네 번씩 했고, 1명은 다섯 번 했다. 가문을 기준으로 보면 이 기간에 스트로찌를 비롯한 피렌체의 7대 유력 가문이 각각 9명 내지 15명까지 프리오르를 역임했고, 길드 기준으로 보면 총 584명 중 70%가 의류상인길드(arte di calimala), 환전길드(arte del cambio), 모직공업길드(arte della lana) 등 대길드 소속이었다. John M. Najemy(2008), *A History of Folrence*, 131.

6 심사단은 현직 프리오르 8명, 대상인길드 대표 5명, 구역 민병대장 19명, 12개 주요 길드 대표 24명, 프리오르들이 선임한 30명의 길드 회원 등 총 86명으로 구성했다.

시뇨리아의 두 달 임기가 만료되기 사흘 전에 시뇨리아궁으로 보르셰를 옮긴 후 열쇠를 보관해 온 3명과 정의의 곤팔로니에레와 꼴레지가 모두 입회한 가운데 차기 프리오르 8명을 추첨했다.7 납세기록이 없거나 근래에 프리오르를 지냈거나 먼저 뽑힌 사람과 친족인 사람은 낙마시키면서 8명 정원이 찰 때까지 추첨을 계속했다.

1343년에는 21개 길드가 연합해서 새 추첨제도를 만들었다. 21개 길드가 각각 자기 회원 중에서 지명하는 방식으로 총 3,446명에 달하는 프리오르 예비후보 명단을 작성하면 206명으로 늘어난 심사단 투표에서 110표 이상을 얻은 사람이 후보가 될 수 있었다. 흥미로운 것은 명단 작성관인 아꼬삐아토리(후술함)가 전체 명부에서 구역별로 2명씩 추려 낸 8명을 각각의 팀으로 묶은 것이다. 즉, 두 달마다 8명의 이름이 함께 적힌 명패 하나만 추첨하면 그 명패의 주인공들이 차기 시뇨리아가 되는 팀 방식이다.

또 중소길드와 노동자들이 주도해서 일으킨 1378년의 치옴

7 John M. Najemy(2008), *A History of Folrence*, 128~129. 14세기 피렌체의 프리오르 선출제도의 변화 과정은 같은 책 138~139, 144~146, 182~185.

피Ciompi 반란 이후 중소길드의 세력이 커지자 프리오르 2명은 대길드 전용가방에서, 3명은 중길드 가방에서, 3명은 소길드 가방에서 따로 추첨하는 방식으로 다시 바뀌었다. 중소길드 출신 비율을 늘린 것이다. 다만 정의의 곤팔로니에레는 여전히 대길드 몫이었고 노동자들은 계속 배제되었다. 8

2) 꼴레지: 임기제 원로원

시뇨리아의 자문기구 및 협의기구인 꼴레지collegi는 임기 3개월인 12인의 현인회와 임기 4개월인 16인의 구역 민병대장단을 묶어 부른 말이다. 1321년에 설치된 현인회는 12인 중 3인을 소길드에 배정했다. 당시 네 개 구역 가운데 한 구역 소속 길드들은 현인회에 대표를 낼 수 없기 때문에 추첨을 실시하는 3, 6, 9, 12월마다 한 구역씩 번갈아 현인회에 대표를 내지 않기로 했다. 16인 구역대장단은 구역별로 4명씩 추첨했는데 4명 중 1명을 소길드에 배정했다. 그러나 대길드와 중소길드의 투쟁이 계속되면서 세부제도가 계속 바뀌었다.

---

8 Henry Mann (1879), *Ancient and Medieval Republics*, 460.

중요한 것은 시뇨리아와 꼴레지의 임기와 취임일자를 엇갈리게 해서 공직자들의 담합과 당파를 막았다는 점이다. 여러 권력기구에 근무하는 공직자들이 담합해서 정무를 농단할 가능성을 막은 것이다. 임기가 2개월인 시뇨리아는 매년 짝수 달에 추첨해서 홀수 달 1일에 임기를 시작했고, 임기 4개월인 구역대장 16명은 매년 4, 8, 12월에 추첨해서 다음 달인 1, 5, 9월의 7일에 임기를 시작했다. 임기 3개월인 12인의 현인회는 3, 6, 9, 12월의 12일에 추첨해서 사흘 뒤인 15일에 취임하도록 했다.

3) 메디치의 시대부터 대평의회의 시대까지[9]

1348년에 발발한 흑사병과 노동자들이 주도한 1378년의 치옴피 반란을 거치면서 피렌체는 알비찌Albizzi, 알베르티Alberti, 스트로찌Strozzi를 비롯한 유력 가문들의 과두정 시대로 바뀌었

9 베네치아의 대평의회는 maggio consiglio이고 베네치아를 모델로 삼은 피렌체의 대평의회는 consiglio maggiore다. 같은 뜻이지만 살짝 다르다. 한국어로는 똑같이 대평의회로 번역하지만 영어로는 베네치아의 대평의회를 great council, 피렌체 대평의회를 grand council로 구별한다.

다. 그리고 15세기 중엽부터는 죠반니Giovanni, 코지모Cosimo, 로렌초Lorenzo로 이어지는 메디치 가문의 시대가 열렸다.

피렌체 공화정의 역사에서 메디치가의 의미는 양면적이다. 문화적으로는 피렌체의 절정기를 이끌었지만 정치적으로는 공화정의 정신을 훼손했기 때문이다. 메디치가의 사람들은 공직을 맡는 대신 사적 네트워크를 활용해서 자기 사람을 공직에 심어 두는 방법을 썼다. 메디치의 시대를 연 코지모 디 메디치는 12인 현인회에 두 번 재임(도합 6개월) 했고 16인 구역 곤팔로니에레는 두 번 역임(도합 8개월) 했다. 또 정의의 곤팔로니에레는 세 번 역임(도합 6개월) 했다. 셋을 합쳐도 채 2년이 안 된다. 그러나 그는 고위 공직자 추첨과정에 은밀하게 개입해서 공화정의 외형을 건드리지 않으면서 피렌체를 장악해 나갔다. 메디치가는 자기네 사람의 당첨 확률을 높이기 위해 아꼬삐아토리accoppiatori를 이용했다. 아꼬삐아토리는 공직 후보자가 적합하고 믿을 만한 사람인지 아닌지 사전 검증하는 위원회라고 할 수 있는데, 메디치 가문은 여기에 충성파를 심어 놓고 자기 가문에 우호적인 자들의 명패가 추첨용 가방에 많이 들어가도록 뒷공작을 했다. 대길드 몫의 프리오르 절반을 메디치가와 가까운 자들의 명패로 채운 작은 추첨용 가방

에서 따로 추첨하는 편법까지 동원했다.10

1494년 나폴리 원정길에 나선 프랑스의 샤를르 8세의 요청을 거절했다가 보복 공격을 받고 궁지에 몰린 피에로 데 메디치Piero di Lorenzo de' Medici한테 분노한 피렌체 시민들이 그를 쫓아낸 후, 즉 메디치의 천하가 잠시 중단된 15세기 말부터 16세기 초까지 피렌체는 본격적인 공화정을 실험했다.11 우선 메디치가가 장악한 100인회와 70인회12를 폐지하고 피에로가 복귀할 경우에 대비해 메디치가에 우호적인 사람들의 명패를 보르셰에서 빼냈다. 메디치 치하에서 위축된 평민회와 코뮌회는 입법기관으로 재건했다.13 특히 1502년부터 메디치 가

10 메디치 가문의 추첨 공작에 대해서는 Niccolai Rubinstein(1997), *The Government of Florence under the Medici*, 2nd edn., Clarendon Press를 참조.

11 베네치아의 공화정체제가 당시 피렌체의 엘리트한테 끼친 영향은 다음을 참조할 것. Felix Gilbert(1968), "The Venetian Constitution in Florentine Political Thought", ed., Nicolai Rubenstein, *Florentine Studies: Politics and Society in Renaissance Florence*, Faber & Faber, 463~500.

12 메디치 시대의 100인회와 70인회는 대사직과 기타 정무관을 선출할 수 있었다.

13 1351년에 설립된 10인의 전쟁-평화심의관(dieci di libertà e pace)과 선거업무를 관장하는 20인의 아꼬삐아토리는 그대로 두었다.

문이 복귀한 1512년까지 10년간 (종신직으로 바뀐) 정의의 곤팔로니에레로 재임한 소데리니Piero di Tommaso Soderini와 교황에 맞섰다가 사형당한 수도사 사보나롤라Girolamo Savonarola, 그리고 메디치가에 비판적이던 프란체스코 귀치아르디니 등 피렌체의 정치인·종교인·학자 그룹은 베네치아 대평의회를 모방한 피렌체 대평의회를 설치했다.

피렌체 대평의회는 평민회와 코뮌회의 권한을 승계한 최고 통치기구로서 1494년 12월에 설립되었는데 2,300명 남짓한 회의체로서 각각 500~750명 규모의 3부로 나누었다. 형식상 피렌체 시민 모두의 의회지만 본인이나 직계 선조 중 한 사람이라도 피렌체의 3대 권력기관tre maggiori (시뇨리아, 12인 현인회, 16인의 구역민병대장단)에 재임한 기록이 있는 29세 이상의 남성으로서 채무와 체납 기록이 없는 사람만 대평의회의 의원이 될 수 있었다. 후술할 베네치아의 대평의회처럼 고위 공직자 및 그 가문 출신의 상류시민한테만 대평의회를 개방한 것이다. 핵심 권한도 베네치아 대평의회와 같은 주요 공직의 선출권이었다. 공직자 선출방식은 추첨과 투표를 혼합했다. 대평의회 의원 가운데 4인이나 6인 또는 10인을 추첨한 후 이들을 대상으로 전원이 투표해서 과반 또는 최고 득표자를 뽑은 것이다.

그러나 1512년에 메디치가가 복귀하면서 대평의회의 실험은 끝났다. 메디치가는 70인 원로원과 100인회를 복구하고 프리오르, 정의의 곤팔로니에레, 꼴레지 등 전통체제를 복구했다. 공직선거도 재차 장악했다.14 그리고 1531년에 알레싼드로 데 메디치Alessandro de' Medici가 신성 로마 제국의 카를 5세에 의해 피렌체 공화국의 세습군주로 임명되면서 피렌체는 메디치의 나라로 전락했다. 1532년 4월에는 시뇨리아와 꼴레지마저 폐지하고 왕의 직속부하인 최고 정무관magistrato supremo을 두었고 그 휘하에 48인 원로원과 200인 회의를 설치했다. 마침내 1569년에 교황 피우스 5세는 코지모 데 메디치 1세Cosimo I de Medici를 토스카나 대공으로 임명했고, 이로써 피렌체 공화국은 토스카나 왕국으로 바뀌었다.

정리하자. 피렌체의 공화정은 베네치아와 달리 귀족과 평민, 대길드와 중소길드의 격렬한 투쟁 속에서 발전했다. 외

14 J. N. Stephens(1983), *The Fall of the Florentine Republic, 1512~1530*, Clarendon Press.

형상 평민 길드연합의 공화국이지만 당시 피렌체 길드연합은 중상위 부유층이 장악했다. 또 15세기 내내 실권을 장악한 메디치가가 잠시 사라진 15세기 말부터 16세기 초까지는 베네치아 방식의 대평의회 체제를 실험했다. 이처럼 공화정의 주체는 길드연합에서 메디치 가문을 거쳐 대평의회 그리고 다시 메디치 가문으로 바뀌었다. 그러나 위로 전통귀족과 아래로 하층시민을 배제했다는 점에서는 큰 변화가 없었다.

특정인과 특정 집단의 폭정을 막기 위해 동원된 피렌체인들의 정치적 창의성은 다양한 제도로 발현되었다. 공직의 임기를 아주 짧게 만들었고 추첨의 공정성을 확보하기 위해 세심한 장치를 고안했다. 최고기구인 시뇨리아와 꼴레지의 임기와 업무 개시일을 분산시켜 양대 기구를 동시에 장악할 특정 정치세력의 정무적 담합과 농단을 예방했다. 유력 가문의 세도를 다 막지는 못했지만, 사회적 격동 속에서도 특정 세력이 공화국을 사유화할 여지를 없애려고 노력한 피렌체 공화정의 역사는 대의민주제하에서 오히려 거칠고 조악해진 오늘날의 공직제도와 선거제도를 되돌아보게 한다.

2. 베네치아: 선거제도와 권력 감시제의 표준

중세 중기부터 천 년 가까이 존속한 베네치아 공화국은 스파르타와 로마의 공화정을 더욱 정교하게 다듬었다. 그 바탕에는 '인간은 반드시 타락하고 권력도 반드시 타락한다'는 믿음과 많은 사람이 통치와 피치의 경험을 두루 해야만 정치의 타락을 막을 수 있다는 신념이 깔려 있었다.[15]

베네치아도 고대 로마와 동시대의 피렌체처럼 성문헌법이 없었다. 초기에는 자신의 권한과 책임을 선언하는 도제의 선서promissione가 헌법의 기능을 했고 후기에는 도제와 6인 소평의원을 비롯한 고위 공직자들이 자신의 권한과 책임을 선언하는 형태로 통치의 규칙을 축적했다.[16] 필요할 때마다 법령과

---

15 Z. S. Fink(1945), *The Classical Republicans: An Essay in the Recovery of a Pattern of Thought in the Seventeenth-Century England*, 31~32, 34~35. 베네치아의 통치제도는 같은 책 28~32를 참조. 그리고 John J. Norwich(1983), *A History of Venice*, Penguin Books; Henry Mann(1879), *Ancient and Medieval Republics*, 513~546; Frederic Chapin Lane(1973), *Venice, A Maritime Republic*, Johns Hopkins University Press도 참조했다.

16 Frederic Chapin Lane(1973), *Venice, A Maritime Republic*, 95.

규정을 추가한 임기응변식 공화정이었지만, 이 방식만 갖고도 역사상 가장 정교한 시스템을 가장 오랫동안 유지할 수 있었다.

베네치아는 원래 공화국 수반인 도제가 군주정을, 상원인 프레가디와 내각인 뻬엔 꼴렛죠 및 군소 평의회들minor councils이 귀족정을, 민회인 꼰시오가 민주정을 구현하는 혼합체제였다. 그러나 13세기 말 이후 180여 개의 세도 가문이 주도하는 과두제 공화정으로 바뀌었다. 점차 부유해지던 신흥 평민들의 고위 공직 접근을 차단한 1297년 이후 종신-세습직으로 바뀐 대평의회 의원들이 고위 공직의 선출권과 피선거권을 독점하는 엘리트 공화정으로 정착한 것이다.

지금의 눈으로 보면 과두정 내지 귀족정이지만 통치권의 분립, 균형, 상호견제를 철저히 제도화했다는 점에서 지배층 내면의 권력구조는 전형적인 공화정이었다. 대단히 번거롭고 복잡한 절차에 따라 가장 유능한 사람을 공직자로 뽑는 선거제도를 창안했고, 공직 순환에 철저했으며, 이익에 눈이 멀어 이합집산하는 당파정치를 막을 정교한 장치를 만들었다는 점에서 베네치아는 고대 공화정의 개정판이다. 중세 말과 근대 초 영국과 유럽의 진보적 지식인들이 고대 로마와 함께 동시대의 베네치아를 공화정의 교본으로 동경한 것은 이 때문이다.

베네치아 공화국의 역사에서 크게 배울 바는 공직의 사유화를 막고 정실과 부패를 막기 위해 고안한 복합 선거제도다. 추첨을 통해 인간의 장난질을 차단하고 지명과 투표방식을 통해 행운의 장난질을 차단한 것이다. 이런 방식은 "악인이 공직을 찾아가도록 놔두지 말고 공직이 현인을 찾아가도록 만들자"는 공화정의 공직 철학을 구현한 것이다. 바로 이 철학이 베네치아의 공화정을 천 년 가까이 지탱한 힘이다.

1) 도제와 6인 소평의회: 공화국 수반

도제doge는 서기 687년부터 베네치아가 멸망한 1797년까지 천 년 넘게 존속한 베네치아 공화국의 수반이다. 원래 초기 민회인 꼰시오가 지명한 사람들이 뽑는 1년 임기짜리 공직이었지만 후에 종신제로 바뀌었다. 1172년부터는 대평의회에서 선출된 40명(곧 41명으로 바뀜)의 선거인단이 뽑는 방식으로 바뀌었다.

도제는 군주정의 장점인 정책의 신속성과 효율성을 구현하는 직제로서 대평의회, 상원, 10인 평의회 등 행정권, 입법권, 사법권을 행사하는 대부분의 회의를 주재했다. 그러나 권력자인 만큼 그에 대한 감시와 제약도 철저했다. 일단 도제는 누구와도 사적 대화를 할 수 없었고 베네치아 바깥의 토지를 소유할 수 없었다. 도제가 주고받는 모든 서신은 6인의 소평의원 앞에서 개봉했고 중대한 과오를 범하거나 반역을 저지른 도제는 마리노 팔리에로Marino Faliero (1274~1355) 처럼 사형을 당했다. 팔리에로를 처형한 후에 후임 도제들의 경각심을 일깨우기 위해 도제궁에 소재한 대평의회의 회의장에 걸린 팔리에로의 초상화에 검은 수의를 그려 넣고 "범죄를 저질러 참수된 마리노 팔리에로의 자리Hic est locus Marini Faletro decapitati pro criminibus"라는 문구까지 써놓았다.

적어도 14세기부터는 도제로 선출된 사람이 그 직을 사양하거나 중도에 사퇴할 수 없었다. 범죄를 저지르지 않는 한 도제를 사임시킬 유일한 방법은 대평의회의 결의뿐이었다. 이처럼 막중한 권위를 죽을 때까지 누렸지만 소평의원 6인 가운데 4인 이상이 동의하지 않으면 권한을 집행할 수 없었다. 또 도제의 독단을 이중으로 차단하기 위해 일상의 현안은 도제와 소평의회가 대평의회와 협의하는 과정을 거쳐야 했고 중대사안은 도제와 소평의회, 16인 현인회, 40인 평의회의 대

표 3인triumvirs으로 구성된 26인의 삐엔 꼴렛죠에서 협의 처리했다.

도제의 권한을 명시한 성문헌법이 없었기 때문에 전임 도제의 공과에 따라서 후임 도제의 권한을 매번 새로 규정했다. 도제 사후에 신임 도제가 선출되면 대평의회가 설치한 '사망한 전임 도제 심사단inquisitori sopra il doge defunto'이 그 공과를 심사한 결과를 토대로 해서 신임 도제의 권한을 늘리거나 줄였다. 이런 피드백을 통해 새로 정해진 권한을 부여받은 신임 도제는 자신의 권한을 준수하고 책임을 다하겠다는 선서promissione ducale를 했다. 도제의 권한 및 금기는 세월이 갈수록 복잡하고 세밀해져서 베네치아 공화국 말기인 1789년에 취임한 마지막 도제 로도비코 마닌Lodovico Manin의 취임 선서문은 무려 301쪽에 달했다.

도제의 가족도 밀착감시를 당했다. 도제의 아들은 아예 공직을 맡을 수 없고 타인과 선물도 주고받지 못했다. 외국이 인척관계를 이용해서 베네치아 정치와 외교에 개입할 가능성을 막기 위해 도제의 자식들은 외국인과 결혼할 수 없었다. 또 도제 사후의 행적 심사과정에서 뇌물을 받은 사실이 밝혀지면 남은 가족들이 돈을 물어내도록 하는 배상 연좌제도 도제의 부패를 막기 위한 장치였다.

도제를 보좌하는 동시에 밀착 견제한 소평의회consiglietto는 베네치아 6개 구역을 각각 대표한 6명 회의체다. 이들은 후술할 삐엔 꼴렛죠의 고정 구성원이었고, 공안검찰인 10인 평의회의에도 소평의원 자격으로 참석했다. 이들은 도제가 대평의회의 결정을 따르도록 조언하고 견제했다. 또 정치, 외교, 행정현안을 사안별로 분류해서 도제와 대평의회를 연결하는 중간다리인 상원, 40인 평의회, 10인 평의회에 그 처리를 맡겼다. 소평의회의 선임자는 도제 사후 신임 도제가 선출되기까지 공백기에 도제의 업무를 대행했다.

도제의 친인척이 아닌 25세 이상의 남성으로서 자기 구역을 대표할 만하다고 인정받는 사람들이 소평의원으로 뽑혔는데, 이들은 취임할 때 도제가 대평의회의 결정을 따르지 않으면 제동을 걸겠다고 선서했다. 임기는 6개월, 8개월, 1년 사이를 오갔는데 대체로 6개월이었다. 특정인의 장기 점유를 막기 위해 퇴임 후 2년 이상의 공백기를 보낸 후 중임할 수 있도록 했다. 특히 6명이 은밀하게 작당하는 폐단을 막으려고 3명씩 두 팀으로 나눠서 일하도록 했다. 6명 중 3명은 10월 1일에 임기를 시작하고 나머지 3명은 석 달 후인 1월 1일에 임기를 개시하는 방식이다. 매년 1월 1일, 4월 1일, 7월 1일, 10월 1일에 3명씩 번갈아서 임기를 시작하고 끝내도록 만들면 6명이 6개월간 단일팀으로 일하는 것보다는 당파를 만들거나 담합을 할 가능성이 줄어들기 때문이다.

2) 공직 선거의 정석: 도제 선출방식

여러 제약에도 불구하고 도제는 최고위 공직이었다. 이 때문에 초기의 몇몇 도제는 자식이나 친척을 공동 통치자로 임명해서 사후에도 자기 가문이 도제를 계속 맡도록 하는 편법을 썼다. 이런 폐단을 막기 위해서 1172년부터 1296년까지 정교한 선거제도를 갖춰 나갔다. 이 제도는 베네치아 공화국이 멸망한 1797년까지 500년간 존속했다.

베네치아는 선거인단이 도제를 선출하는 두 단계의 간선제로 도제를 뽑았다. 그러나 실제로는 열 단계가 넘는 정밀한 제도다.[17] 무엇보다 도제를 뽑을 41명의 선거인단을 뽑는 예

17 도제 선출방식은 다음을 참조. John J. Norwich(1983), *A History of Venice*, 166~167; Jay S. Coggins & C. Federico Perali(1998), "64%

비선거가 중요한데, 예비선거는 추첨·지명·합의를 혼합한 방식이다. 가장 먼저, 출석한 대평의원 전원이 단지 하나에 자기 명패를 넣고 다른 단지에는 출석의원 수만큼의 금박 공과 은박 공을 넣는다. 이때 금박 공은 30개만 넣는다. 아이 하나를 시켜18 명패와 공을 동시에 꺼내게 하는데, 금박 공이 나온 의원들은 별실에 따로 모인다. 이때 금박 공에 당첨된 의원과 성이 같은 다른 의원들은 퇴장한다. 선거인단에 동일 가문이 겹치지 않도록 한 것이다. 동일 가문 배제원칙은 선거가 끝날 때까지 계속된다.

이렇게 30명이 뽑히면 동일한 방식으로 추첨해서 9명으로 줄이는데, 이 9명이 돌아가면서 남은 의원 중에서 40명을 지명한다. 이때 자신을 제외한 8명 중 7명 이상의 동의를 얻어야 원하는 사람을 지명할 수 있다. 이렇게 지명된 40명을 다

Majority Rule in Ducal Venice: Voting for the Doge", *Public Choice 97*, 713~714.

18 공을 꺼내는 꼬마를 발로티노(ballotino)라고 했다. 40인 평의회의 대표 세 사람 중 한 사람이 도제궁의 행정관과 함께 바실리카의 서쪽 문으로 들어가서 자기네 옆을 가장 먼저 지나가는 어린 소년을 데려와서 발로티노로 썼다. 추첨의 순수성과 공정성을 상징하기 위해 15세 이하(대개 8~10세)만 썼다.

시 같은 방식으로 추첨해서 12명으로 줄이면, 이 12명이 25명을 지명한다. 이때는 나머지 11명 중 9명 이상의 동의하에 원하는 사람을 지명할 수 있다. 이렇게 지명된 25명을 같은 방식으로 추첨해서 9명으로 줄이면 이 9명이 45명을 다시 지명한다. 이때는 자신을 제외한 8명 중 7명 이상의 동의를 얻어서 원하는 사람을 지명한다. 마지막으로 이 45명을 추첨해서 11명으로 줄이고, 이들이 도제를 선출할 선거인단 41명을 지명한다. 이 마지막 지명단계에서는 나머지 10명 중 9명 이상의 찬성을 얻어야 지명할 수 있다. 이처럼 추첨・동의・지명을 혼합한 열 단계의 여과절차를 거쳐서 선출된 41인이 도제를 뽑을 최종 선거인단이다.

41명의 선거인단이 실시하는 본선거는 다음과 같다. 41명이 각각 마음에 둔 도제 후보를 한 사람 또는 복수로 적어내면 후보가 된 모든 사람의 명패를 단지 하나에 넣고 하나씩 무작위로 꺼내서 공개한다. 이때 꺼낸 명패와 같은 성을 가진 선거인이 선거인단에 포함되어 있는지 재차 확인하는데, 만약 그렇다면 명패의 주인을 실격시키거나 해명할 기회를 준다. 해명이 타당하다면 그 명패의 주인공에 대해 선거인단 전원이 투표에 들어가는데, 25표(61%) 이상을 얻으면 도제로 선출된다. 그렇지 않으면 다음 명패를 무작위로 꺼내서 같은 절차를 거쳐 투표에 부친다. 이렇게 진행해 나가다가 25표 이상을 얻는 후보가 최초로 나오면 선거를 중단하고 그 사람을 신임 도제로 추대한다.

선거인단 선거는 추첨·합의(동의)·지명을 병행하고 본선거는 추첨과 투표를 병행한 것인데 이처럼 추첨과 지명과 합의와 투표, 즉 주권자의 의사를 수렴할 모든 방법을 정교하게 결합한 다중필터 시스템을 통해 공화국의 수반을 선출한 것이다. 이렇게 하면 각 단계를 거칠 때마다 욕심, 정실, 유착, 담합이 끼어들 여지가 계속 줄어든다. 인간의 탐욕과 공작을 차단하는 추첨과 인간의 의지를 반영하는 지명과 동의와 투표를 혼합해서 선거인단을 뽑은 후에 선거인들의 집단지성(투표)과 하늘의 뜻(추첨 순서)에 공화국의 명운을 맡긴 것이다.

물론 선거 규모가 커진 현대의 대의민주제하에서는 이처럼 복잡한 선거제도의 실현 가능성이 별로 없다. 베네치아식 간선제를 변형한 미국의 대통령선거도 선거인단 선출은 각 주의 주법과 주의회에 일임하고 있다. 그러나 베네치아 공화국의 공직 철학과 공정한 선거 취지는 과반이 되든 말든 단 한 번의 투표에서 1등을 한 사람한테 국가의 명운을 의탁하는 형식적이고 기계적인 지금의 거친 선거제도를 반성하게 한다.

3) 꼰시오와 대평의회

꼰시오concio는 베네치아 거주민의 약 10% 남짓한 귀족과 상인들 그리고 길드 대표들이 참석한 초기 베네치아의 민회였다. 공화정 초기에는 제정된 법을 승인하고 도제를 지명하는 선거인단을 뽑았으며 새로 선출된 도제를 승인했다. 그러나 시간이 가면서 명목상의 권력기구로 위축되었고 대평의회에 그 자리를 내주었다.

대평의회maggior consiglio는 1143년에 도제의 자문기구로 설치한 임기 1년짜리 현인평의회consilium sapientium의 후신으로 1172년에 설치되었다. 신흥 평민의 대평의회 진입을 봉쇄한 1297년 이전에는 선출된 공직자들이 대평의회의 당연직 의원이 되거나 대평의원 지명위원회가 매년 이듬해의 대평의원을 지명했다. 35인 규모로 시작했던 대평의회는 13세기 이후 수백 명 규모로 확장되었다가 후기에는 2천 명을 넘는 거대기구가 되었다.

베네치아를 과두제 공화국으로 안착시킨 계기는 1297년의 대평의회 봉쇄(후술함)다. 이때부터 대평의원은 종신직이 되고 모든 공직도 대평의회 내부에서 자체적으로 뽑기 시작했다. 대평의회가 베네치아의 유력 가문들의 세습 과두정을 위한 터전이 된 것이다. 그 결과 도제 선출권에 이어 대평의원 선출권까지 상실한 꼰시오는 새로 선출된 도제를 추인하는 명목상의 기구로 위축된 후 1423년에 결국 폐지되었다.

대평의회는 도제를 선출했으며 대평의회와 도제를 연결하는 6인 소평의회, 10인 평의회, 40인 평의회의 위원 등 핵심 공직자들을 모두 자체적으로 선출했다. 즉, 대평의원만 베네치아의 핵심공직자가 될 수 있었다. 이들은 공직 선거권과 피선거권 말고도 입법권, 조약 비준권, 사법기관의 판결을 공포할 권한과 사면권도 가졌다. 따라서 부유한 신흥 평민이 권력에 접근하려면 대평의회에 들어가야 했다.

그러나 기존 엘리트들은 신흥 평민의 공직 접근을 허락하지 않았다. 1297년 2월 28일, 대평의회는 최근 4년간 대평의원을 역임한 자나 그 가문 출신만 대평의원이 될 수 있다고 선언하고 임기제 선출직이던 대평의원을 종신직으로 바꾸었다. 이것이 대평의회 봉쇄serrata del maggior consiglio다. 또 매년 40인

평의회(후술함)가 대평의원들의 자손 가운데 40인을 추첨해서 신임 대평의원 후보 명단에 추가하는 법도 만들었다. 1307년과 1315년에는 대평의원의 자격 요건을 강화해서 귀족 가문의 18세 이상 남자만 대평의원 후보가 될 수 있도록 했다. 대평의회를 이탈리아 귀족명부libro d'oro della nobiltà Italiana[19]에 등재된 가문들의 세습기구로 만든 셈인데, 이로써 베네치아는 명실상부한 세습 과두제 공화국이 되었다.[20]

4) 프레가디회: 원로원

베네치아의 상원인 프레가디회consiglio dei pregadi는 1229년에 설치되었다. 임기가 1년인 상원은 몇 차례 변화를 거쳐 15세기 무렵 다음과 같이 편성되었다. 매년 대평의회에서 추첨으로 뽑힌 60인이 다시 60인을 지명해서 120인을 만들고, 여기

19 1297년의 대봉쇄 이후 대평의회에 들어갈 수 있는 귀족들의 명부가 따로 작성되었다. 이 명부는 베네치아 공화국이 멸망한 1797년까지 발행되었다.

20 대평의회를 봉쇄한 후 의원 수가 점차 늘어 16세기에는 2천 명이 넘었다. 비상시나 경제 위기가 닥치면 부유한 평민들한테 돈을 받고 대평의회를 잠시 개방하기도 했다.

에 도제, 10인 평의회, 40인 평의회, 조선감독관 1명과 산마르코 성당의 종신직 행정관들을 추가해서 200명 내외의 상원을 구성했으며, 15세기 중반에는 300명으로 확대했다. 외교・전쟁・교역・해사 관련 주요 현안(선장 임명, 함대 구성, 충원, 운영)을 의결했다. 직업 외교관제도의 기원인 베네치아의 대사들도 상원에서 선출했다. 다만 로마의 원로원과 달리 베네치아 상원은 법안 발의권이 없었고 회부된 법안에 대한 심의 및 의결권만 있었다. 상원에 법안을 회부할 권한은 26인으로 구성된 빼엔 꼴렛죠(후술함)한테 있었다. 그렇지만 과세, 공직 신설, 선전포고 권한과 평화조약 체결권은 상원이 가졌으며 상원을 통과한 법안은 최종적이었다. 그리고 6명의 대현인savii del consiglio, 베네치아 육상영토를 주관하는 5명의 지상현인savii di terraferma, 베네치아의 해군과 해상교역을 관장한 5명의 해사현인savii agli ordini도 상원에서 선출했다.

5) 시뇨리아와 삐엔 꼴렛죠: 상설내각, 행정부

베네치아의 시뇨리아는 도제, 소평의원 6인, 40인 평의회의 대표 3인을 합한 10명이다. 소규모 상설내각과 같아서 작은 꼴렛죠collegio minore로 불리기도 했다. 반면 삐엔 꼴렛죠pien collegio는 베네치아 공화국의 확대내각으로서 일상의 국정을 처리하기 위해 매일 회합했다. 삐엔 꼴렛죠의 구성원은 ① 도제와 소평의회, ② 프레가디회가 6개월 임기로 뽑는 6명의 대현인, ③ 5명의 해상현인, ④ 5명의 육상현인, ⑤ 콰란티아의 대표 3명 등 총 26명이다. 삐엔 꼴렛죠는 도제가 주재했으며 의결이 필요한 사안은 각 평의회와 대평의회에 회부했다. 비상시에는 도제, 소평의회, 10인 평의회만 따로 모이는 17인 회의가 신속한 결정을 내리기도 했다.

6) 콰란티아: 대법원, 사법부

베네치아 공화국의 사법권을 행사한 40인 평의회, 즉 콰란티아consiglio dei quarantia는 1179년에 설치되었다. 베네치아 공화국 초기에는 꼰시오에서 뽑힌 9명이 지명한 선거인단 40명이 도제를 뽑고 난 후에 1년간 최고 재판관이 되어 도제와 함께 일했지만, 대평의회가 도제 선거인단을 선출하게 된 후에는 대평의회가 매년 별도로 뽑는 40인이 콰란티아를 구성했다.

임기는 1년이며 그 대표 3인은 도제 및 소평의원 6인과 함께 시뇨리아의 고정 멤버였다. 40인 평의회는 대평의회가 위임한 사안을 상원과 협의 처리했다. 1297년의 대평의회 봉쇄로 인해 귀족 명부에 등재된 사람만 대평의회에 진입할 수 있게 된 후에는 40인 평의회가 대평의원과 상원의원 후보의 자격을 심사하고 승인했다. 예산을 편성해서 대평의회에 회부할 권한, 화폐주조권, 조세권도 행사했으며 1380년 이후로는 주로 최고 법원 기능에 치중했다.

40인 평의회는 10인 평의회와 함께 독재의 조짐을 보이는 정치적 야심가를 감시하는 일도 했다. 1454년에는 반란 협의자를 취조하는 3명의 최고 심문관inquisitori di stato을 선출했는데, 3명의 심문관 중 적색관il rosso 1명은 소평의회 6인 중에서 뽑고 흑색관negri 2명은 10인 평의회의 위원 중에서 뽑았다.

7) 10인 평의회: 비밀경찰, 정보부

10인 평의회consiglio dei dieci는 베네치아의 공안검찰 또는 비밀경찰 조직으로서 대평의회가 자체적으로 뽑은 임기 1년의 10인 회의체다. 1310년 6월에 발생한 티에폴로Bajamonte Tiepolo의 쿠데타 시도를 진압한 후[21] 임시로 설치한 10인 회의체를 1334년에 상설기구로 격상시킨 것이다. 10인 평의회는 베네치아 공화국이 멸망한 1797년까지 존속했는데, 후기에는 막강한 정보력과 수사권을 토대로 베네치아를 일종의 경찰국가로 만들었다. 10인 평의회는 도제를 비롯한 고위 공직자에 대한 수사권과 형벌권을 행사했기 때문에 비밀엄수 서약을 해야 했다. 회의 내용도 비밀에 부쳤고 막강한 사법-경찰권을 가졌기 때문에 임기도 1년으로 제한했다. 연임은 물론 금지했다. 10인 평의회도 같은 가문 출신이 겹치지 않도록 하는 동일 가문 배제의 원칙을 따랐다.

---

21 1310년에 도제 삐에트로 그라데니고(Pietro Gradenigo)가 티에폴로와 퀘리니(Marco Querini)의 음모사건을 조사하기 위해 시한부로 설치한 위원회가 활동시한을 계속 연장한 끝에 상설기구로 바뀌었다. John J. Norwich(1983), *A History of Venice*, 197~199.

10인 평의회는 행정권과 입법권을 장악한 26명의 삐엔 꼴렛죠와 함께 베네치아 귀족들의 지배체제를 공고히 했다.[22] 내부 담합을 막기 위해 10명을 3명씩 3개 팀으로 나누어 한 달씩 돌아가면서 당번제 공동대표capi 형태로 근무시켰다. 10명을 3명씩 세 팀으로 나누면 한 사람이 남는데, 남은 사람은 세 팀이 한 달씩의 근무를 마치는 3개월 후에 시작되는 두 번째 사이클의 첫 팀에 배속시켰다. 두 번째 사이클부터 각 팀 구성원이 직전 사이클과 달라지게 만든 것이다. 뇌물과 헛소문에 노출된 공직인 데다가 3명이 한 팀으로 오래 일하다가 유착될 가능성을 줄인 것이다.

10인 평의회는 일반 정무에 관여하지 않는 방계기구였지만 이탈리아 전역과 유럽 일부까지 활동 범위를 넓혔으며 비자금으로 익명제보 시스템과 스파이망을 운영했다. 이들은 공직자의 담합과 당파 결성을 감시했으며 무장봉기와 반란에 관한 사전정보를 비밀리에 수집했다. 베네치아 곳곳에 사자 입 모양의 조각상을 설치해서 위법과 불법을 서면으로 신고받았고

22 Edward Muir(1981), *Civic Ritual in Renaissance Venice*, Princeton University Press, 20.

신빙성 있는 고발사건은 수사했다. 특히 반역과 뇌물 수수 등 공직자의 부정을 엄중하게 다뤘다.

10인 평의회는 누구한테도 책임을 지지 않는 절대권력을 누렸지만 부패가 용납되지 않는 공직이기 때문에 뇌물을 받은 위원은 사형에 처했다.[23] 뇌물을 받거나 외부인과 내통할 가능성 때문에 10인 평의회 위원들은 임기 중에는 도제가 거주하는 도제궁을 떠날 수 없었다. 이런 제약에도 불구하고 정보기관 겸 공안검찰로서 로마의 독재관 비슷한 특권을 누렸기 때문에 특정인이 장악할 경우에는 폭정의 도구로 타락할 가능성이 있었다. 그래서 도제와 6인 소평의원들이 10인 평의회에 항상 같이 참석했다.

정리하자. 대평의회를 봉쇄한 후 베네치아는 평민의 정치 진입을 차단한 과두제 공화국이 되었다.[24] 따라서 참정권과 피선거권이 평등하게 보장된 지금의 민주공화국과는 엄연히 다르다. 게다가 고대 공화정의 장로정치 전통을 이어받아 젊

---

23 John J. Norwich(1983), *A History of Venice*, 499.

24 베네치아 공화정의 권력기구와 통치구조는 다음을 참조. Frederic C. Lane(1973), *Venice, A Maritime Republic*, 95~101, 429의 Fig. 40.

은이들한테 고위 공직을 잘 맡기지 않았다. 대평의원은 25세 이상, 상원의원은 32세 이상, 6인 소평의원은 25세 이상이면 되지만 나머지 선출공직은 대부분 40~50세 이상이 맡았다. 지명단계에서 젊은이를 배제했기 때문이다. 이렇게 보면 나이든 도제 1명, 상원 60(120)명, 콰란티아 40명, 16인 현인회, 10인 평의회 등 200명 남짓한 (당시 기준으로) 노인 공직자들이 베네치아 공화국을 이끈 셈이다.

그러나 참정권이 사회적 특권이던 당시의 시대적 상황을 감안해서 공화정의 내면만 살펴보면 베네치아 체제가 대의제와 정당에 의존하는 현대 공화정보다 훨씬 더 정교했다는 것을 알 수 있다. 공직자들의 담합과 정실을 막기 위해 고위 공직의 임기와 임기 개시일을 엇갈리게 만들었고, 법을 핑계로 권력을 멋대로 휘두르는 폭정을 막기 위해 대부분의 권력기구를 공동의장제로 운용했다. 또 10인 평의회와 소평의회는 도제와 그의 가족을 밀착 감시했고 시뇨리아와 삐엔 꼴렛죠를 여러 권력기구가 공동 운용했다. 각 권력기구의 회의는 다른 기구와 그 대표들이 함께하는 연석회의로 진행해서 내부담합을 막았고, 오랫동안 함께 한 팀으로 일하는 것을 막아 정책과 그 집행의 당파성도 차단했다. 뇌물에 노출되거나 의혹을 사기 쉬운 10인 평의회의 의원은 임기 내내 도제궁 바깥으로 나가지 못했다. 지금 기준으로 보면 과두제 공화정이 분명하지만 베네치아는 고대 공화정의 투철한 공직 관념을 근대 영국과 미국으로 전해 준 가교로서 손색이 없다.

4장

앵글로색슨의 대의제 공화정

고대 그리스-로마와 근대 이탈리아의 공화정 전통은 17세기의 영국을 거쳐 18세기 후반의 아메리카로 건너가서 현대적 변신을 꾀한다. 건국 이후 지금까지 미국이 실험해 온 대의제 민주공화정은 스파르타와 로마에서 베네치아로 이어진 균형-혼합체제와 17~18세기 영국의 의회주권론parliamentary sovereignty[1]

1 영국 의회 홈페이지는 의회주권론을 이렇게 설명하고 있다. "의회주권론은 영국 헌정체제의 한 원칙이다. 이 원칙에 따르면 의회는 영국 최고의 입법권자로서 모든 법을 만들고 폐기할 수 있다. 보통의 경우 법원은 의회의 입법을 뒤집을 수 없다. 또 어떤 의회도 미래의 의회가 바꾸지 못할 법은 만들 수 없다." https://www.parliament.uk/site-information/glossary/parliamentary-sovereignty/

을 18세기의 몽테스키외가 정리한 삼권분립론과 절충한 것이다.

1. 17~18세기 영국의 공화정 사상

미국 연방헌법을 만든 주역 가운데 하나인 벤저민 프랭클린은 이렇게 말했다.

> 우리는 (우리가 만들) 정부의 모델을 찾으려고 고대까지 거슬러 올라갔고, 애초부터 붕괴의 씨앗을 갖고 있었기 때문에 지금은 더 이상 존재하지 않는 다양한 공화국들을 연구했다. 또 우리는 오늘날 유럽의 여러 나라도 살펴봤다. 그러나 그 어떤 헌정체제도 지금 우리가 처해 있는 조건에 맞지 않았다. [2]

이 말은 오래전부터 존재해 온 유럽 공화정의 역사를 반면교사로 삼아 미국의 헌정체제를 만들었다는 말이다. 또 평면

2 Oscar S. Straus(1885), *Origin of Republican Form of Government*, 79에서 재인용.

적으로 이해하기 쉬운 미국의 헌정체제를 제대로 이해하려면 고대 그리스, 로마와 중·근대 유럽을 거쳐 온 공화정의 역사를 알아야 한다는 말이기도 하다. 따라서 미국의 공화정을 이해하려면 여러 시대의 여러 장소에서 발효된 공화정의 철학과 이론을 대의민주제와 결합시켜 아메리카로 전달한 징검다리가 된 17~18세기 영국 지식인들의 사상을 먼저 봐야 한다.

영국은 청교도혁명의 와중에서 찰스 1세를 처형한 직후에 공화정commonwealth을 잠깐 실험했다. 그 실험 자체는 크롬웰의 독재와 찰스 2세의 왕정복고로 인해 오래가지 못했다. 그러나 당시 영국의 진보적 식자들은 고대 역사서와 르네상스 공화론자들의 저작을 탐독하면서 절대왕정에서 해방된 자유의 공화국을 설계하고 있었다. 제임스 해링턴의 《오세아나 공화국*The Commonwealth of Oceana*》, 존 밀턴의 《자유의 공화국을 수립할 쉽고 빠른 길》, 그리고 제임스 하월의 《베네치아의 시뇨리아 제도에 관한 고찰》을 읽어 보면 청교도혁명과 명예혁명을 거치면서 근대 의회중심주의parliamentarism로 이행하고 있던 당시 영국의 진보적 지식인들이 고대 로마와 당대의 베네치아에서 영국의 미래를 찾고 있었다는 것을 알 수 있다.

우선 그리스-로마의 역사는 당시 유럽 지식인들의 필수 교양이었고 베네치아는 당대의 현존 모델로서 관심을 끌었다. 특히 베네치아가 관심을 끈 것은 그 체제의 정교함 때문이다. 또한 천 년 가까이 공화정을 지탱했다는 사실만으로도 베네치아는 절대군주제의 대안을 모색하던 영국 지식인들의 관심을 끌었다. 실제로 1644년에 영국 의회파는 베네치아 주재 영국 대사를 초청해서 베네치아의 정치제도를 설명해 달라고 요청한 적이 있다.3

올리버 크롬웰과 의회파는 1649년에 찰스 1세를 처형하고 왕의 자문기구인 추밀원privy council과 귀족원을 없앤 후 국가평의회council of state를 만들었다. 그리고 잉글랜드를 공화국으로 선언했다. 그런데 처음이자 마지막인 영국의 공화정 실험은 국가평의회를 장악하고 스스로 호국경lord protector이 된 크롬웰의 독재와 권력세습 때문에 바로 무너졌으며 1660년에는 찰스 2세가 복귀하면서 완전히 끝났다. 그러나 허무하게 끝난 현실의 공화국과 달리 공화정 사상에 매료된 지식인들의 저작이 쏟아진 17세기 중반의 영국은 고대와 르네상스 이탈리아

3 Z. S. Fink(1940. 11.), "Venice and English Political Thought in the Seventeenth Century", *Modern Philology*, *38*(2), 157~159.

의 공화정을 현대의 미국으로 전달하는 가교가 되었다.

첫째, 1651년에 출간된 제임스 하월의 《베네치아의 시뇨리아 제도에 관한 고찰*A surva(e)y of the signorie of Venice, of her admired policy, and method of government, &c. with a cohortation to all Christian princes to resent her dangerous condition at present*》은 당시 오스만튀르크와 전쟁 중이던 베네치아를 원조할 여론을 조성하려고 쓴 것이다. 이 책은 베네치아의 정치제도 및 로마 공화정과의 유사성을 설명하면서 베네치아가 로마 공화국을 모델로 삼았다는 점을 강조했다. 베네치아를 군주정, 귀족정, 민주정을 혼합한 이상체제로, 또 영원히 군건하게 지탱할 영국 정치체제의 완벽한 모델로 소개한 것이다.

둘째, 1656년에 출간된 제임스 해링턴의 《오세아나 공화국》은 잉글랜드 연방공화국commonwealth of England(1649~1660)의 호국경인 올리버 크롬웰에게 이상적인 헌정체제를 제안하기 위해 오세아나라는 가상 공화국의 헌정체제를 기술한 책이다. 권력과 재산(토지)은 반드시 비례하기 때문에 계속 변하는 계층 간의 재산 비율이 기존의 권력 비율과 어긋날 때 혁명이 발생한다고 진단한 해링턴은 군주, 귀족, 인민이 소유한 토지의 상대적 비율과 권력의 상대적 배분 비율을 일치시키는 공평한 농지법과 비밀 투표제, 공직 순환제, 권력의 분산과 분립이 공화정의 전제조건이라고 제시했다.

《오세아나 공화국》의 헌정체제는 로마와 베네치아의 공화정, 특히 해링턴이 부러워한 베네치아 시스템에서 영감을 많이 얻었다. 또한 해링턴은 《오세아나 공화국》의 제 3부에서 히브리,**4** 라케다이몬(스파르타), 로마를 고대 공화정의 사례로 들었다.

해링턴이 《오세아나 공화국》에서 기술한 임기 1년에 300명으로 구성되는 상원과 1천 명으로 구성되는 대평의회, 그리고 비밀투표제는 베네치아를 모델로 삼은 것이다. 또 오세아나의 독재관은 로마 공화국의 독재관과 베네치아의 10인 평의회를 변형한 것이다.**5** 모든 나라가 권력의 독점 때문에

---

4 히브리 공화국도 모세를 포함한 71인의 장로회(상원)와 아테네의 에클레시아와 유사한 민회(하원)로 권력이 분산되어 있었다.

5 《오세아나 공화국》을 읽어 보면 그 실제 모델이 로마와 베네치아 공화국, 특히 베네치아 공화국이라는 것을 알 수 있다. 독립전쟁이 시작되자마자 버지니아주가 제정한 주헌법(1776)과 독립 이후 제정된 미국 연방헌법(1789)에 규정된 권력분립 및 그 분배방식도 베네치아를 모델로 삼은 것이다. William Howard Adams(1987), "The Virginians and the Veneto", *Virginia Quarterly Review*. https://www.vqronline.org/essay/virginians-and-veneto

결국 무너지고 만다는 비관적 숙명론을 거부한 해링턴은 베네치아처럼 완벽한 제도를 갖춘 공화국이라면 영원히 지속된다고 생각했다.[6]

셋째, 1660년에 《자유의 공화국을 수립할 쉽고 빠른 길》[7]을 출간한 존 밀턴은 하월이나 해링턴과 달리 베네치아를 그리 선망하지 않았다. 급진적인 밀턴은 왕과 귀족의 지배를 거부했으며 왕, 귀족, 인민이 수평적으로 상호견제하는 균형체제를 제안하지도 않았다. 그렇지만 밀턴이 제안한 대평의회는 베네치아의 대평의회와 흡사하며 군통수권·징세권·입법권·외교권을 갖는다는 점에서는 베네치아의 상원인 프레가디와 비슷하다. 특히 대평의회가 선출하고 다수결로 운영하는 최고 행정기구로 밀턴이 제안한 국가평의회는 베네치아의 최고 행정기구인 도제단, 즉 도제와 6인 소평의회를 연상시킨다. 베네치아의 수반인 도제도 소평의원 6인 중 4인 이상

---

6 Z. S. Fink(1940), "Venice and English Political Thought in the Seventeenth Century", 163~165.

7 John Milton(1660), *The Ready and Easy Way to Establish a Free Commonwealth*. https://oll-resources.s3.us-east-2.amazonaws.com/oll3/store/titles/272/Milton_1293_EBk_v6.0.pdf(2021. 1. 11.)

의 동의를 얻어 권한을 행사했기 때문이다.8

넷째, 앨저넌 시드니Algernon Sydney(1623~1683)는 계약론, 자연권, 저항권을 강조했다는 점에서 존 로크와 함께 17세기 영국 정치사상의 중원을 차지한 사람인데 1698년에 출간된 그의 《정부론*Discourses Concerning Government*》도 아메리카에 큰 영향을 끼쳤다. 시드니는 신민의 저항권을 주장하고 왕권신수설을 비판하다가 찰스 2세를 겨냥한 모반 음모에 연루되어 사형을 당했지만 그의 《정부론》은 한 세기 후 독립전쟁과 건국을 주도한 아메리카 식민지의 지도자들이 즐겨 읽은 필독서였다. 동시대의 존 로크는 부르주아 자유주의로 기울었지만 시드니는 마키아벨리가 되살린 고전적 공화주의적 자유관념에 매료되었다. 그는 로크와 달리 '공민의 덕성'을 강조했다. 로크의 자유와 저항권이 권력의 부당한 침해에 대한 방어기제로서의 소극적 자유라면 시드니의 자유는 권력의 부당한 침해뿐만 아니라 자신의 부당한 탐욕까지 통제하는 적극적 자유였다.

이처럼 왕의 시대와 작별하려고 했던 영국 공화주의는 17

8 Z. S. Fink(1940), "Venice and English Political Thought in the Seventeenth Century", 168~169.

세기 후반의 명예혁명을 거치면서 입헌군주제하의 의회주의로 방향을 틀었다.[9] 그리고 18세기에는 당시 영국 의회를 장악한 신흥 부르주아지의 전횡에 맞서 젠트리 계급을 대변한 신해링턴주의자들의 저항사상이 그 전통을 계승했다. 따라서 독립전쟁과 건국 시대, 즉 18세기 후반 아메리카 식민지의 엘리트들은 제임스 해링턴을 비롯한 17세기 영국 공화주의자들의 저작과 존 톨랜드John Toland를 비롯한 18세기 영국 저항사상가들의 저술을 두루 탐독할 수 있었다. 연방헌법을 만들기

---

9 영국 의회는 왕과 귀족들 간의 정치적 합의를 통해 서서히 정착했기 때문에 그 기원을 꼬집어 말하기 어렵다. 공식적으로는 부유한 귀족들이 존 왕을 압박해서 마그나카르타를 얻어 낸 1215년의 귀족회의를 그 시초로 본다. 이렇게 보면 대의민주제의 효시는 영국의 귀족원(house of lords)이다. 영국 하원은 고위 성직자들과 귀족들이 왕을 자문하던 대평의회를 참관하던 평민들이 1341년에 가진 별도 회합을 그 기원으로 본다. 천 년 가까운 영국 의회의 역사는 참정권을 서서히 확대하고 왕과 귀족의 권한을 축소해 왔다는 점에서 민주주의의 역사 그 자체다. 처음에는 상원이 더 강했지만 명예혁명이 일어난 17세기 후반부터 하원이 과세권을 독점하게 되면서 균형추가 하원으로 이동하기 시작했다. 특히 1911년과 1949년의 의회법(parliamentary act of 1911 and 1949)은 과세 및 재정 관련 법안에 대한 상원의 거부권을 하원 과반의 찬성만으로도 무력화할 수 있게 만들었다. 또 기타 법안에 대한 상원의 거부권도 상원이 해당 법안을 2년(1949년에 1년으로 단축)까지만 지연시킬 수 있도록 축소되었다.

도 전에 제정된 미국 13개 주의 헌법들이 해링턴의 《오세아나 공화국》에 서술된 제도를 반영한 것이 그 증거다.10

2. 미국 헌법에 깔린 생각들

18세기 영국 지식인들의 공화정 사상을 아메리카로 전달한 주요 매체는 당시 영국에서 정기적으로 간행되던 다양한 팸플릿이다. 급진적 저항사상가인 존 트렌차드John Trenchard(1662~1723)와 토머스 고든Thomas Gordon(1691~1750)은 1720년대에 〈독립파 휘그*Independent Whig*〉와 《카토의 편지*Cato's Letters*》11를 창간했고 온건파인 볼링브로크Henry St. John, Viscount Bolingbroke

---

10 J. G. A. Pocock(1977), *The Political Writings of James Harrington*, 149. 해링턴이 미국의 정치체제에 끼친 영향은 19세기부터 주목받기 시작했다. Theodore W. Dwight(1887. 3.), "Harrington: and His Influence Upon American Political Institutions and Political Thought", *Political Science Quarterly*, 2(1), 1~44.

11 이것은 1720년 11월 12월에 고든이 Cato라는 필명으로 〈런던 저널〉(*The London Journal*)과 〈브리티시 저널〉(*The British Journal*)에 기고한 글을 모아 네 권의 책으로 펴낸 것이다. B. Bailyn(1968), *The Origins of American Politics*, 38~39.

(1678~1751)는 〈모사꾼*The Craftsman*〉이라는 저널을 발행했다.[12] 《카토의 편지》는 아메리카 식민지에서 재인쇄되었다. 보스턴의 〈뉴잉글랜드 시론*New England Courant*〉과 〈뉴욕 주보*New York Weekly Journal*〉도 《카토의 편지》를 발췌 전재했다. 1740년대에는 〈사우스캐롤라이나 가제트*South Carolina Gazette*〉와 보스턴의 〈독립신문*Independent Advertiser*〉이, 1750년대에는 〈펜실베이니아 저널*Pennsylvania Journal*〉이 같은 역할을 했고, 주간지인 〈독립파 휘그〉도 영국에서 간행된 후 식민지에서 재발행되었다.[13] 이렇게 유입된 영국 저항사상을 식민지 엘리트들이 많이 읽었다는 증거는 당시 하버드와 예일대학교 도서관의 장서 목록, 식민지 지도자들의 개인장서 목록, 보스턴 공립도서관 등 여러 공립도서관의 장서 목록이다.[14]

---

12 같은 책, 45.

13 자세한 전파 과정은 다음을 참조. 권용립(2019), 《미국의 정치문명》, 삼인, 89~92쪽.

14 H. T. Colbourn(1965), *The Lamp of Experience: Whig History and the Intellectual Origins of the American Revolution*, University of North Carolina Press, 10~20. 18세기 아메리카 식민지의 각 대학 도서관 및 공·사립 도서관의 장서와 정기간행물 가운데 역사 분야의 목록을 뽑아 보면 당시 아메리카 지식인들이 휘그사를 통해서 영국 저항사상의 영향을 받았다는 것을 확인할 수 있다. 같은 책, 199~232.

미국 헌법의 설계자들은 고대 그리스와 로마에서 17~18세기 영국으로 이어진 공화정의 역사와 그 사상의 우주를 유영했던 자들이다.[15] 존 애덤스와 존 제이는 매사추세츠주와 뉴욕주의 헌법을 각각 기초했고 제임스 매디슨은 필라델피아 회의를 주도하고 연방헌법을 기초했다. 특히 존 애덤스는 유럽 대륙의 공화정제도와 영국의 저항사상을 미국에 전파한 대표적인 인물이다. 애덤스의 《정부론*Thoughts on Government, Applicable to the Present State of the American Colonies*》은 독립 직후 새 헌법을 모색하던 노스캐롤라이나주 의회의 요청을 받고 쓴 짧은 에세이인데, 여기서 그는 입법권과 행정권의 상호견제를 역설했다. 애덤스는 자신이 시드니, 해링턴, 로크, 밀턴의 영향을 받았다고 밝히면서 괜찮은 체제는 공화정뿐이라고 단언했다. 입법권을 가진 의회assembly(민회, 하원)와 집행권을 가진 행정부의 권력투쟁을 막으려면 완충 역할을 할 또 하나의 'council',

15 조지 워싱턴, 알렉산더 해밀턴, 제임스 매디슨, 존 제이, 토머스 제퍼슨, 존 애덤스, 벤저민 프랭클린 등을 말한다. 워싱턴은 독립전쟁의 사령관과 필라델피아 회의 의장이었다. 해밀턴, 매디슨, 제이는 연방헌법의 비준 필요성을 역설한 〈페더럴리스트 페이퍼〉를 썼고, 프랭클린, 애덤스, 제퍼슨은 로버트 리빙스턴, 로저 셔먼과 함께 〈독립선언문〉을 기초했다.

즉 상원을 둬야 한다고 주장했다. 또 로마와 베네치아처럼 의회가 고위 공직자 대부분을 선출하고 행정부는 입법부를 견제할 거부권을 가져야 한다고 했다. 비록 노스캐롤라이나주 헌법의 기본 틀만 제시한 것이지만, 그가 강조한 양원제와 행정-입법권의 상호견제는 10년 후 미국 연방헌법에 반영되었다.

애덤스가 런던 주재 공사로 재직하던 1787~1788년에 쓴 《아메리카 주정부들의 헌법을 변호함*Defense of the Constitutions of Government of the United States of America*》은 미국 헌법이 만들어지기 직전에 제정된 아메리카 여러 주의 헌법에 대한 유럽 지식인들의 비판을 반박한 책이다. 아메리카의 주들이 강력한 단원제 의회 대신 영국을 모방한 양원제를 채택했다는 비판에 대해 애덤스는 버지니아를 비롯한 여러 주의 헌정체제는 군주공화국, 귀족공화국, 민주공화국의 장점을 취합한 것이라고 반박했다.[16] 또 미국인들은 단원제 의회의 폭정을 막을 강력한

16 애덤스는 이 세 권짜리 책에서 라케다이몬(스파르타)과 로마를 고대의 귀족공화국으로 분류했다. 카르타고·아테네·아카이아·크레타·코린트·아르고스·테베는 고대의 민주공화국으로, 그리고 베네치아·취리히·제네바·프라이부르크·제노아·네덜란드 연방공화국을 근대의 귀족공화국으로 분류했다. 산마리노·스페인 바스크족의 비스카야 공화국(Biscay)·스위스를 근대 민주공화국으로, 또 영국과 폴란드를 근대 군주공화국으로

상원의 필요성을 강조한 앨저넌 시드니를 좋아하며, 아메리카 여러 주 헌법에 가장 큰 영향을 준 것은 해링턴이 로마와 베네치아를 염두에 두고 쓴 《오세아나 공화국》이라고 반박했다. 공화국은 정치체제의 양식이기 이전에 폭정을 막고 자유를 지킬 삶의 양식이기 때문에 민주정의 폐단인 다수의 폭정을 막아 줄 양원제는 공화정의 필수 조건이라고 반박한 것이다. 이것은 그가 공화국의 역사에 정통했기 때문인데, 실제로 보스턴 공립도서관 홈페이지에서 애덤스가 소유했던 책들을 검색해 보면[17] 하월의 《베네치아의 시뇨리아 제도에 관한 고찰》 등 베네치아 공화국에 관한 책만 여덟 권이 나온다. 해링턴의 《오세아나 공화국》, 폴리비우스의 《역사》, 몽테스키외의 《법의 정신》과 《로마 제국 흥망의 원인》, 리비우스의 《로마사》, 《타키투스 전집》 등 공화정의 세계사를 다룬 책도 수십 권이 넘는다.

필라델피아 회의에 참가한 사람들이 남긴 기록물도 그들이 인간 본성인 이기심을 역이용하는 권력분립과 상호견제의 제

분류했다.

17 https://www.librarything.com/catalog/JohnAdams/allcollections

도화에 애썼다는 사실을 입증한다. 연방헌법의 골격을 짠 핵심이론가는 버지니아 출신의 제임스 매디슨인데, 그는 공동의 이익으로 뭉친 다수가 소수를 짓밟는 다수의 폭정을 방지할 제도의 완비에 역점을 두었다.18 예를 들어 다양한 여론을 대변하는 하원과 달리 지혜와 사려분별을 발휘하는 상원은 작게 만들어 다수의 횡포 가능성을 막아야 한다고 본 매디슨은 상원의 규모를 키우자는 일각의 주장에 반대했다. 즉, 현인이 모이는 상원의 무게감은 의원 수가 적을수록 커질 것이며 인원이 늘면서 영향력과 권위가 줄어든 로마 공화국의 호민관이 그 증거라고 했다.19

매디슨은 행정부와 입법권의 야합도 우려했다. 몽테스키외와 존 애덤스가 누차 강조한 것이지만, 매디슨 역시 행정부와

---

18 1787년 6월 6일 자 매디슨의 노트. Max Farrand, ed. (1966), *The Records of the Federal Constitution of 1787*, Yale University Press, vol. 1, 135~136; Max Farrand이 편찬한 필라델피아 회의의 기록을 검토하면서 미국 대통령제의 기원을 서술한 것으로 신우철(2020), "미국형 대통령제의 역사적 기원: 기본 구조 - 필라델피아 제헌회의에서의 핵심 쟁점을 중심으로", 중앙대학교 법학연구원, 〈법학논문집〉, 44(3), 57~104쪽.

19 1787년 6월 7일 자 매디슨의 노트. Max Farrand, ed. (1966), *The Records of the Federal Constitution of 1787*, vol. 1, 151~152.

입법부의 야합이 행정부와 사법부의 야합보다 더 위험하다고 보았다.[20]

"우리 미국인들은We, the People of the United States …"으로 시작하는 미국 헌법의 전문을 쓴 모리스Gouverneur Morris도 입법부와 행정부의 상호견제가 정치적 자유의 필수 조건이라고 말했다. 그는 머지않아 미국 의회를 장악할 세력가와 부자들의 폭정으로부터 보통시민을 보호할 사람은 행정부, 즉 대통령이라고 강조했다. 입법부가 행정부를 견제해야 하는 오늘날의 상식과 반대로 말한 것이다. 이것은 의회가 막강했던 당시 영국의 실정을 반영한 것이다. 또 아메리카 식민지에 온갖 세금을 부과한 영국 의회의 폭정을 겪은 직후였기 때문이다. 그는 고대 공화국의 덕성을 강조하면서 부와 사치를 배격할 것을 역설했고 정신이 돈에 오염될 때 권력을 탐하게 되고 타인을 짓밟게 된다는 것은 역사의 교훈이라고 강조했다.[21]

뉴욕 출신인 알렉산더 해밀턴은 존 애덤스와 함께 북부 연방파를 대표한 권력분립 이론가다. 해밀턴이 남긴 1787년 6

---

20 1787년 7월 19일 자 매디슨이 기록한 자신의 발언. 같은 책, vol. 2, 56.

21 1787년 7월 19일 자 매디슨이 기록한 모리스의 발언. 같은 책, vol. 2, 52.

월 8일 회의노트에는 아리스토텔레스, 키케로, 몽테스키외, 네케르Jacques Necker22의 이름이 쓰여 있고 그 아래에 "다수와 소수의 정치적 대립은 영원한 것이며, 힘의 균형이 무너지면 반드시 하나가 다른 하나를 질식시키기 때문에 권력분립은 영구적 균형과 견제에 기초해야 한다"고 쓰여 있다. 23

그리스와 로마의 역사는 필라델피아 회의 내내 등장한 단골메뉴다. 연방의 구성과 운용문제를 토론할 때는 고대 그리스 부족들의 정교 연합체인 암픽티오니amphictyony(인보동맹)를 자주 거론했다. 메릴랜드처럼 작은 주들은 연방상원 의석을 모든 주에 균등하게 배당하자면서 회원국 모두가 같은 수의 대표단을 파견하고 투표권도 동등하게 행사한 암픽티오니 회의를 모델로 내세웠다. 24 여기서 일일이 다룰 수는 없지만, 1787년 필라델피아 회의에 참석한 12개 주 대표들은 그리스

22 앞의 세 사람은 균형-혼합체제론자로서, 그리고 자크 네케르는 18세기 프랑스의 재정이론가로서 해밀턴의 관심을 끌었다.

23 1787년 6월 18일 자 해밀턴의 노트. Max Farrand, ed.(1966), *The Records of the Federal Constitution of 1787*, vol. 2, 308~309.

24 Thomas E. Ricks(2020), *First Principles: What America's Founders Learned from the Greeks and Romans and How That Shaped Our Country*, Harper Collins, 198~199.

와 로마, 르네상스 이탈리아, 영국을 거쳐 온 공화국의 2천 년 역사를 펴놓고, 그리고 공화국 흥망의 비밀이 담긴 역사의 가계부를 들춰 가면서 무더운 여름을 함께 보낸 것이다.

이렇게 만든 헌법이지만 모두를 만족시킬 수는 없었다. 더 강력한 연방을 원한 매디슨은 각 주에 대한 연방의 통제권이 약하다고 생각했고, 소수의 현인이 이끄는 귀족형 공화국을 선호한 해밀턴은 대통령과 상원의원을 종신직으로 만들지 못해서 불만이었다. 반대로 분권형 연방국가를 꿈꾼 제퍼슨은 연방 대통령을 임기 제한도 없는 선출직 왕처럼 만든 것(대통령의 3선은 1951년 이후에야 금지되었다)이 아쉬웠다.

그러나 이들 모두 유럽 대륙의 공화정과 영국의 의회주의를 절충하는 데는 의견이 일치했다. 옛 공화국들의 균형-혼합체제와 영국의 대의제를 몽테스키외의 삼권분립 이론과 접목하는 것에도 이견이 없었다. 소규모 공화국들의 헌정체제와 영국의 의회주의는 이미 언급했기 때문에 여기서는 몽테스키외가 미국 헌법에 끼친 영향을 잠시 보자.

독립전쟁 발발 직전인 1760년부터 제퍼슨 민주주의가 시작된 1801년 사이에 몽테스키외의 《법의 정신》은 아메리카에서 널리 읽혔다. 당시 미국 도서관들의 장서 목록, 평론, 주요 신문기사가 그 증거다.25 물론 《법의 정신》에는 불편한 내용도 있었다. 예를 들면 공화국 연합체confederate republic는 공화정을 실현할 수 없다는 주장(Book IX, Ch. II)이 그랬고, 당시 미국인들이 모델로 삼고 있던 이탈리아 공화국(베네치아)은 행정, 입법, 사법권을 통합(베네치아 대평의회를 말한 것)한 체제라서 군주정보다 오히려 덜 자유롭다는 지적, 그리고 《오세아나 공화국》을 쓴 제임스 해링턴은 자유의 본질을 모른 채 현실의 자유 대신 상상의 자유를 찾아 헤맸다는 주장(Book XI, Ch. VI)이 그랬다.

그럼에도 불구하고 의회가 제정한 법을 행정부가 거부할 수 있어야 한다는 몽테스키외의 핵심 주장은 미국 헌법에 수용되었다. 몽테스키외는 3대 권력을 입법권, 외교 행정권(외교 및 군사 행정권), 국내법 행정권(사법권)으로 나누고 사법권의 독립을 강조했는데(Book XI, Ch. VI), 이것이 미국 헌법 제3조로 실현되었다. 특히 평등 정신이 죽었을 때도 그렇지만 평등 정신에 극단적으로 매몰될 때도 민주주의는 타락하기

25 Paul Merrill Spurlin(1940), *Montesquieu in America 1760~1801*, Louisiana State University Press.

때문에 민주정에 너무 치우치지 않도록 조심하라는 몽테스키외의 지적(Book VIII, Ch. II)은 신생 아메리카 공화국이 옛 아테네처럼 무절제한 민주정 때문에 무너지지 않을까 우려하던 사람들의 생각과 일치했다.

몽테스키외는 헌정의 기본 체제를 입헌군주정monarchical, 공화정republican, 전제정despotic으로 나눈 후 공화정을 다시 민주제와 귀족제로 나누었는데, 그가 가장 우려한 것은 한 사람 또는 한 무리가 행정권과 입법권을 동시에 장악하는 사태(Book XI, Ch. VI), 즉 한 사람 또는 일개 정파가 행정부와 입법부를 동시에 장악하는 사태였다. 미국 헌법의 초안자들도 무엇보다 행정부와 입법부의 야합을 막기 위해 고심했다. 의회가 왕을 견제하는 영국 모델과 사법・행정・입법이 서로 견제하는 삼권분립론이 필라델피아 회의 내내 거론된 것은 이 때문이다. 헌법 제정을 주도한 제임스 매디슨도 권력의 분산 및 상호견제를 제도화해서 폭정을 예방하는 공화정이론이 헌법에 반영되었다고 자부했다. 알렉산더 해밀턴, 존 제이와 함께 뉴욕의 신문지면에 발표한 에세이 시리즈 〈페더럴리스트 페이퍼*The Federalist Papers*〉의 51번째 논설에서 매디슨은 입법・행정・사법권의 철저한 분립이 필요한 까닭을 이렇게 요약했다.

헌법에 규정된 부처(행정부, 입법부, 사법부)들 간의 필수적 권력 분할을 실질적으로 유지하려면 궁극적으로 무슨 방법을 써야 할까요? 제 대답은 한 가지뿐입니다. 성문화된 헌법조항 자체만 갖고는 불완전하기 때문에 행정, 입법, 사법권이 각기 행사하는 권력이 나머지 부처들이 각각 자기 자리를 벗어나지 못하도록 (강제)하는 수단이 될 수 있도록 통치권의 내부구조를 설계하는 방법입니다. … 행정, 입법, 사법부가 자기네 관리를 임명할 때 나머지 두 부처의 개입 여지를 최대한 없애야 하고 … 행정, 입법, 사법부 공직자들의 보수를 결정할 때도 다른 두 부처로부터 최대한 독립적이어야 합니다. 행정부와 사법부가 관리나 판사의 보수를 정할 때 입법부로부터 독립적이지 못하면 이들의 독립성은 허울에 불과합니다. 그러나 3권이 서서히 한쪽으로 집중되는 것을 막는 최선의 방책은 각 부를 맡은 사람들한테 다른 부의 월권과 침범행위에 맞서 스스로를 방어할 권한과 동기를 부여하는 것입니다. 이때 방어의 수단은 침해를 당할 위험의 크기에 상응해야 합니다. (한 권력부처가 다른 권력부처를 장악하려는) 야심은 (자신의 권력을 지키려는) 또 다른 야심으로 막아야 합니다. … **26**

이런 믿음을 공유하고 시작된 필라델피아 회의는 버지니아 플랜과 뉴저지 플랜을 앞에 두고 기나긴 토론에 착수했다. 양원제 의회를 제안한 버지니아 플랜은 주로 제임스 매디슨의 작품이었는데, 이 안은 스파르타의 에포로스나 로마의 집정관처럼 연방 대통령도 단임제로 할 것을 제안했다. 또 스파르타의 민회, 로마의 민회, 베네치아의 대평의회처럼 연방의회가 대통령과 대법원 판사를 선출하는 제도를 제안했다. 뿐만 아니라 연방상원을 스파르타의 게로우시아, 로마의 원로원, 베네치아의 프레가디를 계승한 원로원으로 간주해서, 연방하원이 각 주의회에서 뽑힌 사람들 중에서 연방상원의원을 뽑자고 제안했다. 그 대신 민회인 연방하원은 각 주별로 시민들이 직접 뽑고 주별 하원의원 수도 인구에 비례시키자고 제안했다. 버지니아 플랜은 수정과 보완을 거쳐 연방헌법에 상당 부분 반영되었다.

뉴저지 플랜은 의회가 대통령을 뽑도록 하자고 제안한 점에서는 버지니아 플랜과 비슷했지만 각 주가 한 표씩 균일하

26 괄호 안은 역자의 부연 설명. Clinton Rossiter, ed. (1961), *The Federalist Papers*, 321~322.

게 행사하는 단원제 의회를 제안했다. 따라서 연방헌법에 크게 반영되지 못했다. 다만 주별 하원의원 수와 연방세를 부과하는 기준이 될 주별 인구를 산정할 때 흑인 1인을 5분의 3인으로 계산하도록 한 연방헌법 제1조의 '5분의 3조항'은 뉴저지 플랜을 따른 것이다.

3. 공화국 아메리카의 설계도

1788년 여름이 지나 확정된 미국 헌법은 공화정, 대의제, 연방제의 절충형이다. 첫째, 군주정을 실현할 대통령, 귀족정을 실현할 상원, 민주정을 실천할 하원의 권력분점과 상호견제를 제도화함으로써 공화정의 토대인 균형-혼합체제를 갖추었다.[27] 둘째, 과거의 공화국들은 민회, 원로원, 귀족 출신 정무관에게 사법권을 분산시켰지만 미국 헌법은 몽테스키외의 이론에 따라 사법권을 행정권, 입법권과 동등한 3권의 한

27 Gilbert Chinard(1940), "Polybius and the American Constitution", *Journal of History of Ideas*, 1, 38~58.

축으로 격상시켰다.28 왕인 대통령, 귀족 대표인 상원, 평민 대표인 하원의 세력균형과 상호견제를 확보한 후, 독립 사법부가 행정부와 입법부의 권력행위를 심판하는 법치 공화국을 만든 것이다.

먼저, 행정권력의 얼개는 다음과 같이 설계했다. 대통령의 임기는 4년이지만 군주정의 장점인 효율성과 지속성을 보장하기 위해 연임이나 중임을 막지 않았다. 베네치아의 도제와 같은 종신제 행정 수반의 출현 가능성을 열어 둔 것이다. 대통령의 3선이 금지된 것은 수정헌법 제 22조가 통과된 1951년 이후다. 조지 워싱턴 이후 관행이 된 자발적 3선 거부의 전통을 깬 프랭클린 루스벨트가 네 번째 임기 중에 사망한 후에야 3선을 금지했기 때문이다.

---

28 1760년부터 1801년 사이 미국의 지식인들이 많이 읽은 프랑스 서적이 몽테스키외와 볼테르의 책이다. 특히 몽테스키외의 《법의 정신》이 인기 있었다. Jean-Claude Lamberti(1991), "Montesquieu in America", *European Journal of Sociology*, 32(1), 198. 알렉산더 해밀턴의 〈페더럴리스트 페이퍼 no. 9〉은 공화정이 소규모 영토에 적합하다는 몽테스키외의 이론을 근거로 연방헌법에 반대하는 사람들을 논박한 글이다. 제임스 매디슨도 〈페더럴리스트 페이퍼 no. 43〉과 〈페더럴리스트 페이퍼 no. 47〉에서 여러 차례 몽테스키외를 언급하고 있다. 이 모두가 몽테스키외의 책이 당시 미국에서 널리 읽혔다는 방증이다.

대통령을 뽑는 방식은 각 주의회가 뽑은 선거인단electoral college이 대통령을 뽑는 간접선거제를 택했다. 각 주가 인구 비례로 배당받은 연방하원 의석수에 모든 주가 일률적으로 배당받는 연방상원 의석 2석을 합한 수만큼의 선거인단을 각 주의회가 주법에 따라 선출한 후 모든 주의 선거인이 모여 대통령을 뽑는 방식이다.29 이 방식은 대평의회가 선출한 선거인단 41명이 도제를 뽑은 베네치아 방식을 연방제에 맞게 변형한 것으로서, 거짓과 선동에 속기 쉬운 일반대중 대신 엘리트들이 모인 각 주의회가 뽑은 현인들이 대통령을 뽑아야 한다는 취지다. 그러나 모든 주의회가 주민투표 결과를 선거인단 구성에 반영하는 방식을 택하게 되면서 오늘날의 미국 대선은 사실상 직접선거가 되었다.30

---

29 50개 주 가운데 48개 주가 한 표라도 더 얻은 대통령 후보한테 그 주의 선거인단 전부를 배당하는 승자독식제를 채택하고 있다. 현행 미국 대통령선거인단의 규모는 연방하원의원 435명, 연방상원의원 50개 주 100명, 워싱턴 D. C에 배당된 3명 등 총 538명이며 당선 기준인 과반은 270석이다.

30 미국 헌법 제2조 제1항에 명시되어 있는 대통령선거 방식은 원래 다음과 같았다. 각 주는 그 주의 의회가 정한 규칙에 따라 주에 할당된 연방상원의원, 연방하원의원 총수와 같은 수의 선거인을 '임명'한다. 선거인들은 주별로 모여 비밀투표로 두 표씩 행사하는데, 두 표 중 적어도 한 표는 다른 주 출신의 후보를 찍어야 한다(연고주의를 막는 장치). 선거 결과는 봉인해서

헌법 제2조 제2항은 연방 대통령한테 총사령관의 지위를 부여했다. 대통령에게 군 총사령관의 지위를 부여한 것은 최고 정무관이 군을 지휘함으로써 군에 의한 폭정을 막는다는 공화정의 민병사상을 실천한 것이다. 이것은 아테네의 아르콘, 스파르타의 왕, 로마의 집정관, 피렌체의 정의의 곤팔로니에레 등 최고 정무관이 최고 사령관을 겸해 온 공화정의 전통을 따른 것이다. 또 조약을 체결하고 대사와 연방대법원 판사 및 고위 관리를 임명할 때 대통령이 상원의 권고와 동의를 받게 만든 것도 최고 정무관이 원로원의 권고에 따라 중대사

연방상원의장한테 보내는데, 상원의장은 연방상원의원과 연방하원의원들이 모인 앞에서 모든 주의 선거인단 투표 결과를 개봉해서 공개한다. 최다 득표자의 득표수가 선거인단 총수의 과반이 넘으면 대통령이 된다. 만약 과반 득표자가 2인 이상이고(1인당 2표씩 행사하기 때문에 이런 경우가 가능하다), 득표수마저 같다면 하원에서 과반을 얻는 사람을 대통령으로 선출한다. 만약 과반 득표자가 아무도 없으면 최다 득표자 5인을 대상으로 해서 하원이 같은 방법으로 대통령을 선출한다. 하원에서 대통령을 선출할 때는 각 주가 한 표씩 균일하게 행사한다. 이처럼 애초에는 대통령과 부통령 구별 없이 과반 득표자 중 1위를 대통령으로 뽑고 과반에 상관없이 2위를 부통령으로 뽑았다. 그러나 1800년 선거에서 부통령 후보로 나선 애런 버(Aaron Burr)가 대통령 후보인 제퍼슨과 동수 득표하자 자신이 대통령이 되려고 공작을 벌이는 소란을 벌인 후에는 대통령과 부통령을 처음부터 따로 뽑는 방식으로 바꾸었다.

를 처리해 온 공화정의 전통을 계승한 것이다.

입법권력의 설계 취지는 다음과 같다. 의회를 상원과 하원으로 이원화한 것은 민주정(하원)과 귀족정(상원)과 군주정(대통령)을 결합한 균형-혼합체제론의 실현인 동시에 귀족원과 평민원으로 이원화된 영국의 시스템을 참고한 것이다. 먼저, 귀족정의 장점인 원로들의 경륜을 활용할 연방상원 의석은 모든 주에 균등하게 2명씩 배당했다. 임기는 선출직 공직자 가운데 가장 긴 6년으로 정해서 원로원의 종신제 전통을 일부 계승했다. 하원의원은 민회의 정신을 살려서 각 주의 주민들이 직접 뽑고 상원의원은 현인회의 취지를 살려 각 주의 의회가 뽑도록 했다. 다만 1913년의 수정헌법 제17조 이후 연방상원의원도 각 주의 주민들이 직접 뽑게 되었다.

헌법 제2조 제2항은 입법부의 행정부 견제권을 탄핵제도로 바꾸었다. 탄핵의 소추권, 즉 기소권은 하원에 주고 재판권은 상원에 주었다. 민회인 연방하원이 소추권을 갖는 것은 민주정의 취지를 살린 것이고, 상원이 심판권을 갖는 것은 원로원이 정치적 사법권을 행사해 온 공화정의 오랜 전통이다. 또한 대통령 탄핵권을 상원과 하원에 분산시켜 어느 한쪽이 대통령과 고위 공직자를 자의적으로 탄핵할 가능성도 차단했다.

연방하원은 연방의 민회이기 때문에 처음부터 각 주의 주민들이 직접 선출하게 했다. 주별 인구를 산정할 때 비과세 인디언을 제외한 모든 자유민의 수와 흑인 인구의 5분의 3을 합산하게 한 것은 앞에서 말한 뉴저지 플랜을 따른 것이다. 하원의원 수가 연방의회에 대한 각 주의 정치적 영향력을 결정하기 때문에 하원의 규모와 주별 의원 수를 수시로 조정하기 위해 10년마다 센서스를 실시하도록 헌법에 명기했다. 로마 공화국의 감찰관이 민회의 구성원과 편제 및 세금을 확정하기 위해 실시했던 정기 센서스를 부활시킨 것이다.

화폐 주조권, 하급법원의 구성과 조직, 군대의 편성과 유지, 민병대 편성에 관한 규칙은 상원과 하원이 함께 정하도록 했다. 법원을 구성할 권한을 양원이 공유하도록 한 것은 입법부 전체 차원에서 대통령의 전횡을 견제하도록 한 것이다. 군대의 편성과 유지에 관한 권한을 양원이 독점한 것도 로마 공화국의 선례를 따른 것이다. 대통령이 총사령관 지위를 악용해서 국가의 군대를 사병화할 가능성을 막은 것이다. 다만 재정은 대통령과 상원이 개입할 수 없도록 했다. 예산의 편성과 집행은 연방하원이 독점한 것이다. 국고는 세금으로 채우기 때문에 재정의 편성과 집행권도 국민을 직접 대표하는 하원의 몫으로 한 것이다.

상원을 소규모(헌법 제정 당시에는 13개 주 26석)로 만든 것은 원로원의 심도 있는 토론을 보장하기 위해서다.[31] 하원 의석은 인구에 따라 차등 배정하고 상원 의석은 각 주 2명씩 균일 배정한 것은 의원 수를 인구비례로 하자는 큰 주와 균일하게 하자는 작은 주의 주장을 절충한 결과로 해석되기도 한다. 그러나 모든 주가 연방에 평등하게 참여한 주권독립국가라는 점도 고려했다.

대통령과 상원과 하원의 임기를 차등화한 것도 고위 공직자들의 임기를 엇갈리게 했던 옛 공화정의 유산이다. 임기가 가장 짧은 하원은 수시로 변하는 국민의 생각을 즉각 반영할 수 있도록 2년마다 전원을 선거에 부치도록 했고 귀족정의 취지를 살린 임기 6년의 상원은 2년마다 3분의 1만 선거에 부치도록 했다. 이 때문에 처음 뽑힌 상원의원들은 임기 2년, 임

---

31 매디슨은 1787년 6월 7일 자 회의에서 로마사의 교훈에 따라 상원은 다수로 구성되는 집단의 병폐인 내분을 피할 수 있게끔 소규모라야 한다고 주장했다. Max Farrand, ed. (1966), *The Records of the Federal Constitution of 1787*, vol. 1, 151.

기 4년, 임기 6년의 세 그룹으로 나뉘었다. 이 같은 분산 충원 방식은 해링턴의 《오세아나 공화국》에 이미 나와 있다. 즉, 임기가 3년인 오세아나의 상원을 매년 3분의 1씩 선거에 부치도록 하는 제도를 참고한 것이다.[32] 하원, 상원, 대통령의 임기를 각각 2년, 6년, 4년으로 엇갈리게 만든 것은 특히 베네치아 공화국을 참고한 것이다. 다만 베네치아는 공직자들 간의 담합을 막기 위해 차등 임기제를 설계했지만 미국은 행정부와 입법부가 단 한 번의 선거로 일거에 바뀌면서 생길 정치적 격변과 혼란을 막으려는 취지였다.

대통령이 상원과 하원의 동의를 받아서 선전포고를 할 수 있게 한 것은 민회와 원로원이 전쟁권을 공유했던 옛 공화정의 전쟁 개시 절차를 따른 것이다. 또 군사령관인 집정관이 이끌 군대의 편성권과 경비 지출권을 원로원이 가졌던 로마 공화국의 전례를 참고한 것이다. "원로원의 명령이 있어야 로

---

32 Theodore W. Dwight (1887. 3), "Harrington: and His Influence Upon American Political Institutions and Political Thought", *Political Science Quarterly*, 2(1), 1~44. 미국 헌법이 로마의 공화정을 모방한 것이라는 주장이 일반적이다. 대표적인 것으로 Russell Kirk (1974), *The Roots of American Order*, La Salle, IL., Open Court, 101~102.

마군의 군량과 군복과 급료를 지급할 수 있다. 원로원이 위험하다고 여기거나 방해하기로 마음먹으면 최고 사령관의 어떤 계획도 허사가 된다"[33]는 폴리비우스의 기록을 따른 것이다.

대통령의 비상대권 조항은 로마 공화국의 독재관제도와 해링턴이 《오세아나 공화국》에서 제시한 독재관제도를 참고한 것이다. 연방의원은 재임 중에 신설되거나 급여가 인상된 어떤 공직에도 임명될 수 없다는 조항(제1조 6절)과 대통령의 보수는 임기 중에 인상되거나 인하되지 않는다고 못을 박은 것(제2조 1절)은 돈 앞에 무릎 꿇는 정치인을 경멸하는 공화정의 정치윤리를 천명한 것이다.

미국 헌법이 설계한 입법절차는 현대 대의민주제의 보편규범이 되었다. 그런데 이 절차 또한 민주정·귀족정·군주정의 균형과 상호견제라는 공화정의 전통을 반영한다. 로마의 법률이 원로원과 민회를 차례로 거쳤듯이 미국 헌법도 모든 법안이 하원과 상원을 차례로 거치도록 만들었다. 하원이 발의해서 통과시킨 법안은 상원을, 상원이 발의해서 통과시킨

---

33 Matthew A. Pauley(2014), *Athens, Rome, and England: America's Constitutional Heritage*, 70.

법안은 하원을 반드시 거쳐야 한다. 하원과 상원이 서로 거부권을 가진다는 뜻이다. 게다가 양원을 모두 통과한 법안이 대통령한테 송부되면 대통령도 법안 거부권이 있다. 다만 상원과 하원이 각각 재심의하고 재투표해서 각각 3분의 2 이상의 찬성을 얻으면 대통령의 서명 여부에 상관없이 법률로 확정된다. 최종 입법권을 집정관 아닌 민회와 원로원이 가졌던 로마의 공화정을 영국의 의회주권론과 결합시킨 것이다.

기능적 삼권분립 모델로 알려진 미국의 헌정체제는 이처럼 군주정·귀족정·민주정 가운데 어느 하나만 강해지는 것을 막는 공화국 정신의 실천이다.[34] 대통령은 의회에 대해 거부

---

34 혼합정체(mixed government)와 권력분립(separation of powers)은 다르다. 공화주의에서 말하는 혼합정체는 사회적 신분(군주, 귀족, 평민) 간의 정치적 세력균형을 제도적으로 구비하는 것, 또 3자 상호 간에 덕성을 존중한다는 의미다. 즉, 권력부처들 간의 기능적 균형을 의미하는 것이 아니다. 공화주의는 한 나라의 구성원이 군주, 귀족, 평민으로 자연스럽게 분화하는 것(natural differentiation)을 당연시하는데, 자연귀족(natural aristocrat)이 없는 미국에서는 자연분화 자체가 불가능하므로 혼합정체도 불가능하다. 그래서 공화주의적 균형을 사회적 신분 간의 통치력 균형 대신 통치기능의 균형으로 전환했다. 우드는 이것을 복합대의론(theory of multiple representation)으로 이해했다. G. S. Wood(1969). *The Creation of the American Republic, 1776~1787*, 244~255.

권을 갖고 의회는 대통령에 대한 탄핵권을 갖는다는 점이 그렇다. 재정은 하원, 외교는 상원, 군대 편성권과 전쟁의 최종 결정권은 상원과 하원에, 그리고 군대 지휘권은 대통령에 분산시킨 것도 그렇다. 공화정의 옛 전통과 달라진 점은 사법부가 통치권력의 한 축으로 격상되어 독립했다는 점인데, 옛 공화정은 원로원과 민회가 재판권을 공유했지만 미국 헌법은 군주, 귀족, 민주의 어디에도 속하지 않는 독립 사법부가 행정부(군주)와 입법부(귀족, 민주)를 수평 견제하게 만든 것이다.

공화정의 전통은 헌법의 개정절차도 복잡하게 만들었다. 법과 체제를 만들 때는 극도로 신중하되 일단 만든 법과 체제는 함부로 건드리지 않는다는 법치의 정신이 헌법 개정 자체를 힘들게 만든 것이다. 그 결과 지금까지 연방의회가 심사한 개정안은 1만 건이 넘지만 실제로 개정된 조항, 즉 수정조항 amendment은 27개뿐이다. 더구나 헌법 제정 직후에 〈권리장전〉의 의미로 추가된 제 1조부터 제 10조를 제외하면 지난 233년간 개정된 조항은 17개뿐이다. 이마저도 노예제를 폐지한 수정 제 13조 등을 제외하면 시대 변화에 따라 공직자 선출 방식만 수정한 기술적 차원의 개정이며 헌정의 기본 골격은 전혀 건드리지 않았다. 35

미국의 공화국 정신에서 하나 더 주목할 것은 1789년 〈권리장전〉의 하나로 추가된 수정헌법 제 2조the second amendment다. 폭정의 도구로 변질되기 쉬운 국가 상비군을 두지 말고 유사시에 시민이 전사가 되어 폭정에 대항하거나 외침을 막는다는 것이 공화정의 민병사상인데, 36 수정헌법 제 2조는 이 사상을 일반시민의 무기 소유와 휴대를 헌법상의 권리로 보장하는 형태로 실천했다. 연방헌법뿐만 아니라 44개 주의 주헌법도 주민의 총기 소유와 휴대 권리를 명시하고 있다. 총기 규제 연방법(예컨대 gun control act of 1968)도 있고 각 주의 총기 규제법도 있지만 헌법 차원에서 총기 소유와 휴대를 보

---

35 미국 연방헌법 제 5조, 즉 헌법 개정절차는 다음과 같다. 개정안이 양원에서 각각 3분의 2 이상의 찬성을 얻거나 연방을 구성하는 주들의 3분의 2 이상이 제청하면 연방의회가 소집하는 국민회의가 개정안을 의결한다. 그리고 50개 주의 4분의 3 이상에서 주의회 또는 주의회가 소집한 특별회의가 개정안을 비준함으로써 발효된다.

36 자세한 내용은 J. G. A. Pocock(1975), *The Machiavellian Moment*, 199~213, 290~293. 마키아벨리도 《전쟁론》에서 상비군에 반대했지만 존 트렌차드처럼 아메리카 식민지에 영향을 끼친 17~18세기 영국 저항사상가들도 상비군이 자유의 적이라고 봤다. 대표적으로 Walter Moyle & John Trenchard(1697), *An Argument Shewing That a Standing Army is Inconsistent With a Free Government and Absolutely Destructive to the Constitution of the English Monarchy*가 있다.

장하기 때문에 현재 미국 민간인이 소유한 총기는 인구보다 많은 3억 9천만 정이며 열 가구 중 네 가구가 총기를 보유하고 있다.

정리하자. 미국의 헌정체제는 옛 공화국들의 제도와 정신을 대의제 및 연방제와 절충한 변형공화정이다. 이 변형공화정이 19세기 이후 혁명과 전쟁을 통해 왕 없이 태어난 나라들의 모델이 되었다. 그 결과 미국 헌법의 입법절차는 현대 대의민주제의 보편절차로 정착했고 미국식 삼권분립은 현대 민주공화국의 표준이 되었다. 대통령이 군 최고 사령관을 겸하는 제도도 현대 민주공화국의 상식이 되었다. 그러나 과거의 소규모 공화정이 대의제 간접공화정으로 바뀌면서 포기한 전통이 많다. 선출직을 제외한 고위 공직의 임면권, 특히 대법원 판사의 임명권을 대통령한테 준 것이 그렇고, 권력에 대한 밀착감시와 공직자의 공과 심사제도를 거칠고 번잡한 의회의 탄핵제도로 바꾼 것이 그렇다. 그 결과 20세기 이후 임명제 고위 공직이 폭증하는 가운데 대통령의 권한만 기형적으로 비대해진 명실상부한 '대통령 중심제'가 탄생하고 말았다.

선출직을 제외한 모든 고위 공직이 임명제로 바뀌고 권력자에 대한 밀착통제가 경직된 탄핵제도로 대체된 것은 대의제와 연방제 때문이며 국가의 규모가 거대해졌기 때문이다. 특히 신사와 교양인의 정치를 기대한 18세기 말에는 정당을 등에 업은 질 낮은 직업정치인들이 대거 나올 가능성을 내다보지도 못했다. 의회주의와 민주주의의 토양 없이 대통령 중심제를 선택한 후발 공화국들이 대부분 독재와 권위주의의 폭정으로 치닫게 된 것은 이 때문이다.

5장

공화정의 3대 규범

역사 속의 공화국들을 관통해 온 보편적 규범이 있다. 크게 보면 통치권의 공유와 분산, 권력자에 대한 감시와 견제, 그리고 공정이다. 이 세 가지의 실천적 규범은 법치의 정신과 권력분립이라는 제도 속에서 정착했다. 현대 민주공화국의 수준과 진위 여부도 이 규범들을 떠받쳐 주는 법치의 강도와 권력분립의 치밀성에 달려 있다. 공화정을 등지면서 자유, 평등, 인권, 복지를 떠드는 모든 민주는 허구이기 때문이다.

1. 통치권의 분산과 공유

공화국의 역사에 기록된 최초의 규범은 통치권의 실질적 공유다. 이것은 현대 민주주의의 대규범인 주권재민의 원형일 수 있지만 그보다 더 실천적이다. 현대의 주권재민은 선거철에만 유효한 선언적 원칙에 불과하지만 참정권 보유자의 수가 많지 않던 옛 공화국들은 통치권의 분산과 공유를 평상시의 정치제도로 실천했기 때문이다.

아테네의 최고 권력기구인 민회, 즉 에클레시아는 공유된 통치권을 최대한 공정하게 분배하기 위해 아르콘과 보울레의 의원을 비롯한 고위 공직자와 디카스테리아의 배심원을 하늘의 뜻에 따르는 추첨으로 뽑았다. 2장에서 설명한 아테네의 클레로테리온은 인간의 사적 인연과 이해타산이 개입할 여지를 봉쇄한 추첨 도구였지만 궁극적으로는 공유재산인 공직을 공평하게 분배하는 수단이었다. 민회에서 뽑힌 5명의 에포로스가 2명의 왕을 견제하고, 민회가 뽑은 28명의 원로와 2명의 왕이 원로원 자격으로 에포로이와 함께 국사를 처리한 스파르타 역시 참정권을 가진 모두가 통치권을 공유한다는 규범을 제도로 실천했다.

로마 공화국은 켄투리아 민회와 트리부스 민회에서 정무관을 선출했고, 중기부터는 평민회가 평민 출신 호민관과 평민 안찰관을 선출하는 방식으로 통치권의 공유를 제도화했다. 비록 형식적이지만 원로원과 집정관이 제출한 법안도 민회의 승인을 받아야만 법률의 지위를 얻을 수 있었다. 특히 집정관이 민회를 주재할 때는 그를 수행하는 12명의 릭토르가 통치권을 표상하는 파스케스를 앞으로 숙이도록 했다. 집정관을 뽑는 민회가 로마 통치권의 근원이라는 공화정의 정신을 의전으로 나타낸 것이다.

모든 공직자를 추첨으로 뽑은 피렌체는 길드연합의 모든 회원이 시뇨리아, 구역대장단, 현인회 등 주요 공직의 피선거권을 가졌다. 전성기의 베네치아 공화국에서도 수백 명에서 수천 명으로 늘어난 대평의원들이 도제, 소평의회, 10인회, 40인회 등 핵심 공직의 선거권과 피선거권을 공유했다.

첫 현대 공화국인 미국은 대통령, 연방상원, 연방하원, 사법부가 각각 통치권의 특정 영역을 독점하는 체제를 만들었다. 대통령은 로마의 집정관과 베네치아의 도제처럼 행정권의 집행과 군대의 통솔을 맡고 연방의회는 아테네 민회, 로마의 민회와 원로원, 베네치아의 대평의회처럼 입법과 재정을 주관하는 한편 대통령의 기소와 심판을 맡았다. 옛 공화국들이 원로원과 민회와 정무관으로 분산시켰던 사법권은 사법부가 독점해서 입법권과 집행권을 수평적으로 견제하도록 했다.

2. 권력자 감시의 제도화

모든 공화국은 고위 정무관의 수, 임기, 권한을 치밀하게 설계했다. 폭정과 독재의 원인인 권력의 장기 점유와 부패를 막기 위해 고위 공직의 연임과 중임을 금지하거나 조건부로 허용한 것이다. 공화정의 역사에 밝은 제임스 매디슨의 말처럼 "가진 권력이 클수록 임기는 짧아야 안전하고 가진 권력이 적으면 임기가 길어도 안전"[1]하기 때문이다. 특히 짧은 임기라도 마친 공직자는 재임 중의 공과를 심사받고 그 책임을 지도록 했다.

아테네의 아르콘은 최종 1년으로 임기가 줄었지만 연임은 금지되었고 임기가 끝나면 재임 중의 행적과 금전관계를 조사

1 Clinton Rossiter, ed. (1961), *The Federalist Papers*, 330.

받았다. 보울레의 상설 집행부인 프리타네이스의 의장인 에피스타테스의 임기는 단 하루였다. 시민법정인 디카스테리아의 재판 실무를 기획한 테스모테타이의 임기도 1년에 불과했다. 뇌물과 혈연 때문에 배심원을 편파적으로 선정하고 법정을 의도적으로 배정해서 재판 결과를 뒤집을 가능성을 차단한 것이다.

스파르타에서는 시민 대표인 5명의 에포로스가 2명의 세습왕을 감시하고 통제했다. 스파르타 민회에서 선출된 이들은 왕을 기소할 권한까지 있었는데, 그 막강한 권력을 통제하기 위해 임기 1년에 연임과 중임을 금지했다. 또 임기가 끝나면 새로 선출된 후임 에포로스들이 재임 중의 행적을 심사해서 위법 행위에 사법 처분을 내렸기 때문에 웬만해서는 권력을 남용할 수 없었다.

로마 공화국은 집정관을 비롯한 고위 정무관을 2명 또는 그 이상 두었다. 권력 남용과 부패를 막기 위해 집정관, 법무관, 감찰관, 호민관 등 고위 공직을 두 사람 이상이 공동 점유하게 한 것이다. 최고 정무관인 집정관의 임기는 1년이지만 2명이 한 달씩 번갈아 근무했기 때문에 실제 임기는 6개월이었다. 집정관끼리 상호 거부권을 행사하는 방식으로 일방적 권력 남용을 막았다. 연임은 물론 금지했고 중임은 퇴임 후 10년이 지나서야 가능했다. 퇴임 후에는 아테네의 아르콘과 스파르타의 에포로스처럼 재임 중의 처분과 행적을 소명했으며 현직 시절의 위법 행위에 대한 재판도 받았다.

피렌체의 공직자들은 임기가 특히 짧았다. 메디치의 시대를 제외하면 공직 후보들의 명패를 추첨 가방에 넣어 보관하는 방식이 철저했고 추첨의 절차도 엄정했다. 최고 통치기구인 시뇨리아를 구성하는 9명은 임기가 2개월에 불과했음에도 연임과 중임을 금지했다. 게다가 이들 모두 시뇨리아궁에서 단체생활하면서 서로를 밀착 감시했다.

베네치아 공화국은 원로원인 프레가디와 경찰-사법권을 가진 10인 평의회의 임기를 1년으로 제한했다. 도제와 함께 도제단을 구성하는 6인 소평의회의 임기는 대체로 6개월에서 1년 사이였으며 16인 현인회의 임기는 6개월이었다. 공화국 수반이며 유일한 종신직 정무관인 도제는 특히 철저한 감시를 받았다. 도제는 자신을 보좌하는 6인의 소평의원 가운데 4인 이상의 동의를 받아야 권한을 행사할 수 있었고, 도제 사후에 신임 도제가 선출되면 대평의회가 설치한 '사망한 전임 도제 심사관'이 전임 도제의 공과를 심사한 후 그 결과를 보고 후임 도제의 권한을 늘리거나 줄였다. 도제단의 권력 남용을 막기 위해 도제와 6인의 소평의원은 대평의회와 상시 협의하도록 했다. 그리고 중대한 사안은 도제단, 16인 현인회, 40인 평의회의 대표 3인이 함께 모이는 26인의 꼴렛죠가 처리했다.

가진 권력이 클수록 더 밀착 견제하고 감시해야 한다는 이 두 번째 규범은 대의제가 도입되면서 약화되었다. 그 전의 소규모 공화국들과 달리 미국은 선출직 공직자인 대통령과 연방의원의 연임과 중임을 제한하지 않았다. 왕정·귀족정·민주정의 상호견제와 균형을 도모한다는 원칙은 변함없었지만 대통령과 연방의원의 연임과 중임을 제한하지 않았다. 대통령의 연임에 제한을 두지 않은 것은 애초에 대통령을 베네치아의 도제 같은 종신직 수반으로 기획했기 때문이다. 미국 대통령의 3선이 금지된 것은 1951년이다. 최고 정무관인 대통령에 대한 견제도 느슨해졌다. 하원과 상원을 모두 거쳐야 하는 탄핵제도를 만들었지만 대통령에 대한 밀착감시와 퇴임 후의 행적 심사는 없어졌다. 대통령의 공직자 임명에 대한 견제장치도 의회의 청문회와 동의를 거치는 형식으로만 남았다.

선출직 고위 공직인 연방의원에 대한 견제도 느슨해졌다. 로마의 종신제 원로원과 영국의 세습제 귀족원을 모델로 한 연방상원의 임기는 공화정의 역사상 임기제 선출직 가운데 가장 긴 6년이다. 게다가 계속 선출되면 종신제와 다름없다. 연방하원의 임기는 민주정의 취지에 맞게 가장 짧은 2년으로 정했지만 하원 역시 연임과 중임에 제한이 없다. 다시 말해서 미국은 권력에 대한 직접 감시와 직접 통제라는 공화정의 전통 규범을 포기하는 대신 주권자의 의사를 궁극의 권력 통제 장치로 삼는 현대 공화정의 새로운 규범을 만들었다.

미국 헌법은 대의제의 이런 한계를 보완하기 위해 법률을 제정할 권력, 집행할 권력, 제정권과 집행권을 심판할 권력을 분립시켰다. 대법원 판사의 지명권과 임명권은 대통령한테 주고 그 지명을 인준할 권한은 상원한테 줘서 권력자들 간의 수평적 견제를 꾀한 것이다. 문제는 대통령을 견제하라고 연방의회에 부여해 놓은 권한의 상당 부분이 20세기 이후에는 제대로 작동하지 않는다는 점이다. 연방정부가 개입하는 영역이 급격히 확대된 20세기부터 미국의 대통령들이 의회의 동의가 필요 없는 행정명령executive order이라는 편법을 쓰기 시작하면서 대통령의 권력이 제왕의 권력처럼 비대해진 것이다. 예컨대 선전포고는 헌법상 의회의 권한이지만 지난 100년간 미국 대통령들은 선전포고가 필요 없는 해외 군사작전을

헌법이 보장한 군 총사령관의 자격으로 명령해 왔다. 베트남 전쟁 이후 연방의회가 대통령의 전쟁행위를 제약하는 법까지 만들었지만 대통령의 군사적 행위 자체를 막을 수는 없게 되었다. 헌법을 만든 18세기 말에 전혀 예상하지 못했던 편법이 공화정의 오랜 원칙을 무너트린 것이다.

3. 공정

모든 권력은 폭정으로 치닫고 모든 권력자는 타락으로 치닫는다. 수천 년 인류사에 각인된 이 교훈을 엄중하게 받아들인 옛 공화국들은 공직자를 뽑을 때, 공적인 결정을 내릴 때, 그리고 정책을 집행할 때 정치적 이해타산과 사적 인연이 끼어드는 것을 막을 다양한 제도를 고안했다.

첫째, 엄정하고 공정한 투표제도다. 과반득표자 아니면 단순 최다득표자를 당선자로 선언하는 오늘날의 기계적 승자 판정과 달리 옛 공화국들은 투표방식과 당선자 판정기준을 치밀하게 설계했다. 지지하는 후보를 선택하라고 강요하는 오늘날의 투표제도는 덜 미운 사람을 뽑으라고 강제하는 제도다.

이런 제도하에서 과반도 못 얻는다는 것은 싫어하는 사람이 더 많다는 뜻이다. 이 점을 생각해 보면 과반도 안 되는 단순 최다득표자를 결선투표 없이 당선자로 선언하는 작금의 선거제도는 민주주의와 공화정의 원칙을 두루 배신한 것이다.

옛 공화정은 달랐다. 스파르타는 각 후보를 향한 함성의 크기를 듣고 당선자를 판정하는 득점투표제를 실시했다. 과반이 별 의미가 없을 때는 득점투표제가 가장 정확한 선거제도다. 피겨스케이팅이나 체조경기처럼 복수의 심사관들이 0점부터 10점까지 부여해서 총점을 계산하는 방식인데, 당시에는 함성을 측정할 장비가 없었기 때문에 옆 건물에서 대기하는 판정관들이 가장 큰 함성의 주인공을 당선자로 결정했다.

공직자와 배심원을 추첨으로 뽑은 아테네도 신분, 연줄, 뇌물을 차단하기 위해 정교한 장치를 고안했다. 개인은 혈연과 금전으로 매수할 수 있지만 시민 모두를 매수할 수는 없다는 사실에 착안한 클레로테리온(제 2장 참조)은 아테네 민주정의 공정 철학을 표상한 것이다. 로마 공화국의 여러 민회가 사용한 집단투표제도 특정인의 연줄과 이해관계가 투표 결과에 개입할 수 없게 만든 제도다. 민회의 편제 단위인 각 켄투리아 또는 트리부스가 자체 의견을 수렴해서 한 표씩 행사하는 집단투표제하에서 투표 결과를 바꾸려면 계급과 구역이 서로 다른 373개 켄투리아와 30개 트리부스 모두를 상대로 공작해야 했기 때문이다.

피렌체 공화국에서는 고위 정무관인 프리오르를 뽑는 제도가 자주 변했다(제3장 참조). 그러나 메디치 가문이 피렌체를 장악하기 전까지는 추첨 절차를 세밀하게 기획함으로써 추첨의 공정성을 확보했다. 1328년 방식이 대표적이다. 요약하면 이렇다. 2년 또는 3년마다 공직후보자 지명단이 사전 심사를 통과한 길드회원을 대상으로 투표를 해서 3분의 2 이상의 찬성을 얻은 사람들의 명패만 세 개의 자물쇠로 봉인한 추첨용 가방에 넣어 보관하는데, 가방 열쇠 세 개는 각각 다른 사람이 보관했다. 현직 프리오르 8명은 임기 만료 직전에 시뇨리아궁으로 추첨가방을 옮겨 와서 공화국의 수반인 정의의 곤팔로니에레, 꼴레지 28명, 열쇠 보관자 3명이 모두 입회한 가운데 가방을 열고 명패를 추첨했다. 공직후보 자격심사, 투표를 통한 후보자 지명, 지명된 후보자들의 명패를 넣은 추첨용 가방의 보관 및 관리, 그리고 실제 추첨 과정까지 일관되게 부정과 조작의 여지를 없앤 것이다.

공정선거의 백미는 베네치아 공화국이다. 다단계로 진행된 도제 선거는 추첨과 지명과 투표가 동시에 또 번갈아 등장하는 선거 무도회였다. 제 4장에서 설명했지만 골격만 다시 간추리면 다음과 같다, 출석한 대평의원 전원을 대상으로 추첨해서 30명이 뽑히면 다시 9인으로 줄이고, 이 9인이 40인을 지명하면 40인을 추첨해서 12인으로 줄인다. 이 12인이 25인을 지명하면 지명된 25인을 추첨해서 9인으로 줄이고, 이들 9인이 남은 의원 중에서 45인을 지명한다. 이들을 추첨해서 다시 11인으로 줄이면 이들 11인이 도제 선거인단 41인을 최종 지명한다. 그런데 지명을 할 때마다 다른 사람의 동의를 일정 비율 이상 얻도록 해서 아무나 지명하지 못하도록 했다.

이처럼 아홉 단계를 거쳐 선정된 최종 41인이 도제를 뽑는 본선거를 하는데, 각자 마음에 둔 후보를 적어 내면 지명받은 모든 후보의 이름표를 단지에 넣은 후에 무작위로 하나씩 추첨된 후보를 선거인단 전원의 투표에 부쳐 25표 이상을 처음 얻는 사람을 도제로 선출했다. 예비선거는 추첨, 지명, 합의, 투표를 병행하고 본선거는 지명, 투표, 운(명패가 뽑히는 순서)을 결합한 것이다. 주권자 전체의 의사를 최대한 공정하게 추출할 방법을 총동원한 것이다. 베네치아는 이처럼 정교한 선거제도를 설계해서 욕심, 공작, 정실이 끼어들 여지를 없앴다. 인간의 탐욕과 행운의 장난을 여러 겹으로 차단한 후 마지막으로 하늘의 뜻(추첨)과 민주적 집단지성(투표)에 공화국의 운명을 맡긴 것이다.

공정의 철학과 공정한 공직배분 전통 또한 현대 공화정에서 약화되었다. 미국의 대통령 중심제가 이런 추세를 선도했다. 상원의 동의라는 조건은 달았지만, 미국 헌법은 행정부와 사법부의 주요 공직 임명권을 대통령한테 주었다. 게다가 1828년에 '보통 사람들의 민주주의'를 내걸고 대통령에 당선된 앤드류 잭슨은 자신의 선거캠프에서 일한 보통 사람들과 민주당 인사들을 고위 공직자로 대거 임명했다. 능력제가 엽관제로 바뀐 것이다. 이후 임명제 공직은 정당정치의 파당화와 맞물려 선거의 전리품으로 전락했다. 한국도 예외가 아니다. 대통령과의 사적 인연과 친분, 정당 배경이 공직 진출의 우선 조건이 되면서 공직의 사유화가 관행이 되었다. 민주화의 역설이다.

둘째, 과거의 공화국들은 공직자들의 담합과 당파를 막기 위해 세심한 제도를 기획했다. 중기 이후의 로마 공화정은 2명의 감찰관 중 하나가 임기 중에 사망하면 2명을 아예 다시 뽑았다. 생존한 감찰관이 자기 사람이 뽑히도록 장난칠 가능성 때문이다. 감찰관 선거일에 1명만 선출되고 날이 저물면 무효를 선언한 후 다음 날 처음부터 2명을 다시 뽑았다. 먼저 뽑힌 감찰관이 자기 사람을 뽑기 위해 공작할 가능성을 막은 것이다.

피렌체 공화국도 공직의 장기 점유와 공직자의 담합을 막기 위해 고심했다. 동일 공직에 대한 특정인의 지속적 영향력을 막기 위해 프리오르를 추첨할 때는 근래에 프리오르를 지낸 자부터 배제했다. 또 시뇨리아에 같은 가문 출신이 겹치지 않게 해서 공적 영역에 혈연이 개입하는 것을 막았다. 베네치아 공화국도 도제를 뽑을 최종 선거인단에 동일 가문 출신이 겹치지 않도록 하기 위해 예비선거와 본선거 내내 동일 가문 배제 원칙을 지켰다.

금전과 친분을 매개로 해서 공직자끼리 담합하고 작당하는 행위를 범죄시하는 공화정의 전통과 관련해서 주목할 제도가 또 있다. 피렌체는 시뇨리아와 꼴레지의 임기와 업무 개시일을 엇갈리게 해서 함께 근무하는 동료가 임기 중에 계속 바뀌도록 만들었다. 임기가 2개월인 시뇨리아(정의의 곤팔로니에레와 8인의 프리오르)는 짝수 달에 추첨해서 홀수 달 1일에 임기를 시작했고, 임기가 4개월인 16인의 구역대장들은 매년

4, 8, 12월에 추첨해서 다음 달인 1, 5, 9월의 7일에 임기를 개시했다. 임기가 3개월인 12명의 현인회는 3, 6, 9, 12월의 12일에 추첨해서 사흘 후인 15일에 취임했다.[2] 베네치아도 고위 공직의 임기를 차등화했다. 상원과 10인 평의회의 임기는 각 1년으로, 16인 현인회와 6인 소평의회의 임기는 각 6개월로 차등화했다. 특정 가문 또는 특정 집단이 여러 권력기관을 동시에 장악해서 야합할 가능성을 차단한 것이다.

18세기 말에 제정된 미국 헌법은 정당 관련 규정이 없다. 겉으로 드러난 당파가 없기도 했지만 공화정 자체가 당파를 죄악시하기 때문이다. 미국 헌법 제정자들이 가장 두려워한 것은 집단의 이익을 국가의 이익보다 앞세우는 당파적 무리들이 공화정을 무너트릴 가능성이었다. 그러나 국가의 규모와 영역이 확대되고 이념이 정치에 끼어들면서 정당과 당파는 정치의 상수가 되었으며 당파적 계산과 담합은 현대 공화정의 숙명인 동시에 모든 공화국의 숙제가 되었다.

---

2 겉으로만 보면 이것은 오늘날 미국이 상원, 하원, 대통령의 임기를 각각 달리해서 세 기관의 구성원 모두가 한꺼번에 임기를 시작하거나 끝내지 않도록 하는 것과 비슷하다. 그러나 미국의 경우는 담합을 막기보다는 체제 전반의 급격한 변동을 막기 위한 장치다.

셋째, 과거의 공화국들은 임명직을 아예 없애거나 최소한으로 줄였다. 그러나 이 전통 또한 현대 공화정에서 약화되었다. 특히 대통령중심제하에서는 선출직을 제외한 모든 고위 공직자를 대통령이 임명하게 되는데, 공화정의 견지에서 보면 최고 권력자가 고위 공직자를 임명하는 것 자체가 왕정과 전제정의 유산이다. 특정 개인이 공직자를 임명한다는 것은 공직이 임명권자 개인의 것이라는 뜻이고, 임명직이 많을수록 임명권자의 힘도 커지기 때문이다. 공직 임명권이 주권자 전체에서 특정 개인의 것으로 바뀌면 공직의 독립성과 자율성은 소멸한다. 키케로의 말처럼, 자유는 정의로운 주인 아래서 존재하는 것이 아니라 주인이 아예 없을 때 존재하기 때문이다.3 자신의 창조주를 모시는 피조물이 된 임명직 공직자의 의무는 토론과 거부가 아니라 복종이다. 그가 임명권자에 맞설 유일한 수단은 가장 무력한 수단, 즉 사표뿐이다.4 스파르타의 민회가 에포로이를 선출하고 로마의 민회가 정무관을 선출한 제

---

3 Marcus Tullius Cicero, *The Republic and The Laws*, 48~49. 한국어 번역본은 김창성 역, 《국가론》, 194쪽.

4 William R. Everdell(2000), *The End of Kings: A History of Republics and Republicans*, University of Chicago Press, 298.

도, 피렌체가 프리오르를 공개 추첨으로 선출한 제도, 베네치아가 소평의원, 콰란티아, 10인 평의원 모두를 대평의회에서 선출한 제도의 바탕에는 공직이 권력자의 사유재산이 아니라 주권자 모두의 공유재산이라는 공화정의 정신이 깔려 있었다.

6장

공화국의 세계사에 비친 한국 민주주의

지금까지 공화정의 역사에 기록된 제도와 정신을 훑어보고 그 보편적 규범을 간추렸다. 이제 지난 수십 년간 민주화와 민주공화국의 길을 더듬어 온 우리의 현실을 공화정의 정신과 규범에 견주어 볼 차례다.

1. 공화정을 등진 헌정사

왕조와 식민지의 시대를 연이어 겪은 신생공화국의 첫 헌법이라는 점에서 1948년의 제헌헌법은 최초의 민주화헌법이다. 그러나 그때부터 우리 헌정사는 민주화와 공화정에 모두 실패한 파행의 역사였다. 이 파행의 역사는 예고된 것이었다. 제헌헌법을 기초한 주역인 유진오는 18세기 말의 미국 헌법부터 19세기와 20세기에 걸쳐 만들어진 유럽과 아시아의 여러 나라 헌법까지 참고해서 양원제 의회와 내각책임제를 제안했다.[1] 그러나 제헌의회와 이승만은 양원제 의회와 내각책임제에 반대했다. 긴 세월에 걸친 투쟁과 타협의 역사를 먹고 자란 서구의 체제를 민주와 공화의 토양이 없는 나라에 어떻게 이식할지 깊이 고민할 여유도 없었지만, 당시의 급박한 한반도 정세와 국내 정치세력 간 힘겨루기 때문에 공화정의 근간인 양원제와 의회 중심주의를 포기한 것이다. 12개 주를 대표한 55명이 공화국의 세계사를 펴놓고 고대와 근대의 정치사

---

1 김효전(2007), "유진오, 《헌법해의》", 서울대학교, 〈법학〉, 48(3), 197~205쪽.

상을 들춰보면서 1787년의 긴 여름을 함께 보낸 미국의 필라델피아 회의와 비교할 때 가장 아쉬운 대목이 이것이다.

제헌국회는 40일에 걸쳐 헌법을 제정했다. 1948년 5월 10일 총선거를 통해 출범한 제헌국회는 6월 초에 의원 10명으로 구성된 헌법기초위원회와 유진오를 비롯한 전문위원 10명을 위촉했다. 1947년 가을부터 과도정부의 법 기초분과위원으로 활동했던 유진오는 독일 바이마르공화국, 미국, 오스트리아, 일본(1889년의 제국헌법과 1947년의 일본국 헌법), 중화민국, 필리핀, 프랑스, 독일 통일 이전의 프러시아 헌법을 참고해서 헌법안 〈제 1회 초고〉를 이미 완성해 놓고 있었다. 2

6월 23일, 헌법기초위원회는 유진오와 행정연구위원회가 작성한 〈한국헌법〉(공동안 또는 합작안) 과 권승렬안을 토대로 한 최종안을 국회 본회의에 상정했다. 국회 속기록(제 1회, 17차) 에 따르면 이 최종안은 "대한민국 임시정부헌법, 민주의원

2 이들 가운데 단원제를 택한 나라는 아시아의 중화민국과 필리핀뿐이다. 강력한 대통령권은 바이마르공화국과 1850년 프러시아의 입헌군주정 헌법, 미국 헌법을 참고한 것으로 보인다. 미국 헌법에 없는 국민의 권리와 의무를 제 2장에 넣은 것은 1947년의 일본국 헌법(제 3장 국민의 권리와 의무), 1850년 프러시아 헌법(제 2장 프로이센인의 권리), 1946년 중화민국 헌법(제 2장 인민의 권리와 의무) 을 참고한 것으로 보인다.

에서 제정된 임시헌법, 과도입법의원에서 제정한 약헌略憲 등을 종합하고, 그 외에 구미 각국에 현재에 있는 모든 헌법을 종합"한 것이다. 국회는 7월 12일까지 세 차례 독회를 거친 후 헌법안을 확정했고, 7월 17일에 국회의장 이승만이 서명 공포함으로써 헌법이 발효되었다.

원래 헌법 초안은 양원제였다. 1948년 6월 28일 자 제헌국회 속기록에는 헌법안 제1독회에 출석한 유진오가 단원제와 양원제를 설명하는 대목이 있다.

> … 헌법안은 단원제로 되어 있지만 초안은 양원제였습니다. 하나는 국민이 직접 뽑는 하원, 즉 민의원이고 다른 하나는 선출 방식을 달리하는 상원, 즉 참의원입니다. 상원은 보수적인 참의원으로서 민의원의 급진적 경향을 견제하기 위한 것입니다. 외국의 양원제 역사를 봐도 민의원은 항상 급진적이고 참의원은 보수적이어서 양 세력이 서로를 견제해 왔습니다. 그러나 우리가 구상한 양원제는 보수로 급진을 견제하려는 게 아니라 중대 국사를 신중하게 결정하자는 취지였습니다. 단원제에서 단번에 결정하는 것은 너무 조급하니까 하원에서 결정된 법안을 상원에서 재검토하자는 취지였습니다. 그러나 헌법기초위

원회가 참의원의 필요성은 인정하지만 복잡다단한 건국 초기에 참의원까지 구성하는 번거로운 절차를 거치기는 힘들다고 해서 우선 단원제로 결정한 것입니다. … 3

제헌국회의 헌법기초위원회가 시간이 촉박하고 번거롭다는 이유로 양원제를 포기했다는 말인데, 이것은 신생국의 행로를 결정할 헌정제도가 정치적인 고려의 산물이라는 솔직한 고백이다.

양원제와 단원제의 차이는 제도의 차이가 아니다. 민주주의의 질과 공화정의 수준 차이다. 2021년 현재 세계의 절반이 단원제 의회를 두고 있지만 스칸디나비아 3국과 덴마크, 뉴질랜드를 제외한 대부분의 민주국가는 양원제를 채택하고 있다. 건국 시대 미국 지도자들이 참고한 텍스트 가운데 하나인 《오세아나 공화국》의 제 1부 제 1장은 양원제의 필요성과 상·하원의 권력분점이 필요한 까닭을 이렇게 설명하고 있다.

3 http://db.history.go.kr/item/cons/level.do?levelId=cons_001_0020_0020_0020_0010 (2021. 2. 25)

상원이 빵 한 개를 둘로 나누면 선택은 누가 할까? … 빵을 둘로 나눈 사람한테 둘 중 하나를 선택하라고 하면 … 자를 텐데 (한쪽을 더 크게) 이럴 것 같으면 아예 나눌 것도 없이 독차지하라고 놔두는 것과 마찬가지다. 상원이 빵을 둘로 나눌 권력 그 이상을 가지면 공화정은 결코 공정할 수 없다. 의회가 하나뿐인 공화국이라면 나눈 사람이 선택까지 해야 한다. 따라서 (단원제) 의회는 일도 제대로 못하고 편파적일 수밖에 없다. 자기네끼리 나눠 먹기 때문이다. 이런 문제점은 선택권을 가진 또 다른 의회를 만들지 않으면 해결할 수 없다. 소수의 지혜는 모든 사람의 빛이 되지만 소수의 이익은 인류의 이익도 안 되고 공화국의 이익도 안 된다. … 나눌 권력을 가진 의회 (상원) 가 공화국의 지혜를 모은 기구라면 선택권을 가진 민회 (하원) 는 공화국의 이해관계가 집결된 기구다. 공화국의 지혜가 귀족(상원) 한테 있다면 공화국의 이해관계는 전체 인민 (하원) 한테 있다. … 공화정의 언어로 말하면, 빵을 둘로 나누는 것은 (상원의) 토론이고, 둘 중 하나를 선택하는 것은 (하원의) 결정이다. … 4

---

4 James Harrington, *The Commonwealth of Oceana*. https://www.gutenberg.org/files/2801/2801-h/2801-h.htm\Release Date: December 27,

선택권이 상대방한테 있다면 누구나 최대한 공정하게 이등분할 것이므로 빵을 두 쪽으로 나눌 권한과 선택할 권한을 분리시키면 공정은 저절로 성취된다는 말이다. 인간의 본능인 이기심을 억압하면서 공정을 도모하는 헛수고를 하지 말고 그 이기심을 역이용해서 공정을 성취하려면 제안하는 의회와 선택하는 의회를 따로 둬야 한다는 것이 양원제의 취지다. 사실 인간이 만든 모든 제도는 이기심과 싸우는 수단이다. 정치의 수준은 인간의 이기심을 역이용하는 지혜의 수준에 달려 있다. 옛 공화국들이 민회와 원로원을 분리하고 현대의 공화국들이 입법부 내에 두 개의 의회를 분리 설치한 것은 억누르기만 해서는 결코 이길 수 없는 인간의 본능과 싸우는 것이 정치의 소명이요 숙명이기 때문이다.

그렇지만 제헌의회는 사정이 급박하고 비효율적이라는 명분으로 단원제를 고집했다. 민주와 공화의 토양이 척박한 나라의 단원제는 제왕적 대통령 아니면 손발 묶인 대통령을 만들어 낸다는 사실을 외면한 것이다.

2008〔EBook #2801〕, Last Updated: November 7, 2016(2021. 6. 23.). 괄호 안은 역자의 부연.

돌이켜 보면 제헌헌법을 만들 때부터 1987년의 제 9차 헌법 개정에 이르기까지 우리 헌정사 전체가 공화정의 정신과 제도를 등져 왔다. 대통령선거를 국민직선제로 바꾼 1952년의 제 1차 개헌(발췌개헌)이 양원제를 도입하긴 했지만, 당시 집권 자유당이 국회법 개정을 거부하는 바람에 실현하지 못했다. 1960년의 제 3차 개헌은 공화정체제를 어느 정도 갖추었다. 양원제를 도입했고 언론·출판·집회·결사의 사전허가제와 검열제를 없앴다. 또 실질적 행정권을 하원인 민의원이 선출하는 국무총리와 국무원(내각)으로 이관시킨 내각책임제로 전환도 했다. 대법원장과 대법관을 임명직에서 선출직으로 바꾸고, 미국 연방대법원처럼 사법 심사권을 가진 헌법재판소도 설치했다. 공정한 선거를 책임지고 관리할 중앙선거위원회도 설치했다. 그러나 공화정체제를 처음으로 시도한 제 2공화국은 5·16 쿠데타에 이어 제 3공화국이 등장하면서 무너졌다.5

제 3공화국을 연 1962년의 제 5차 개헌은 제 2공화국 헌법

5 1960년의 제 4차 개헌은 3·15 부정선거 관련자 및 부정축재를 처벌하기 위해 형벌 불소급원칙에 예외를 둔다는 개헌이며 헌정체제와 관련 없다.

이 축소한 대통령의 권력을 재차 강화했고 의회도 대통령이 다루기 쉬운 단원제로 되돌렸다. 1969년의 제6차 개헌(3선 개헌)과 1972년의 제7차 개헌(유신헌법)은 대통령의 명실상부한 3권 통합과 종신제를 제도화했다. 그리고 1979년 10·26 이후 집권한 신군부는 1980년의 제8차 헌법 개정을 통해 대통령선거를 기형적인 간선제로 바꾸었다.

군부와 민주화 세력의 타협을 거쳐 만든 1987년의 개정헌법은 파행의 헌정사와 작별할 절호의 기회였다. 그러나 기본권 강화, 대통령 직접선거, 대통령의 국회 해산권 폐지, 의회의 국정 감사권 신설 등 대통령 권한의 축소와 의회의 상대적 강화 선에서 멈추었다. 무엇보다 단원제 의회를 그냥 두었다. 그 결과 이른바 민주화 시대의 대통령과 의회는 일심동체 아니면 전쟁상태에 머무는 양 극단을 오가기 시작했다. 반복하지만, 양원제는 두 개의 의회가 입법권을 분점하고 서로 거부권을 행사하게 만들어 입법 권력의 일방적 폭정을 막아 온 공화정의 전통이다. 그런데 1987년 헌법마저 양원제를 복원하지 않음으로써 대통령과 의회의 유착 가능성과 전쟁 가능성을 각각 절반으로 낮출 기회를 놓쳤다.

또 1987년 헌법은 1969년의 3선 개헌이 물꼬를 튼 의원의 장관 겸직도 금지하지 않았다. 제헌헌법이 대통령의 독단을 막기 위해 부여한 국무회의의 의결권도 되살리지 않았다. 대통령, 상원, 하원의 균형과 상호견제라는 공화정의 토대 없이 정치 민주화를 시도한 것이다. 의사당이 물리적 충돌의 현장으로 전락하고 현역 의원이 자신의 일터인 의사당 안에서 동료 의원들을 마주 보면서 행정부를 옹호하는 정치의 비극을 민주화의 시대에 오히려 자주 보게 된 것은 그 당연한 결과다.

2. 어긋난 민주화

1987년 이후에도 정상적인 민주공화국을 만드는 데 실패한 또 다른 이유는 민주주의에 대한 편견과 공화정에 대한 무관심이 민주화의 기획 자체를 비틀었기 때문이다.

첫째, 민주주의를 선거 지상주의로 오해했다. 선거라는 형식을 갖추기에 급급하다가 선거의 생명인 공정성과 정당성 문제를 가벼이 다뤘다. 대통령선거와 의회선거에서 주권자 과반의 최종의사를 확인할 최소한의 장치인 결선투표를 배제했다. 단 한 번의 투표만으로, 그것도 절반의 지지도 얻지 못한 후보를 국가의 수반과 국민의 대표로 뽑는 선거제를 당연시했다. 국가를 소수의 선출직한테 일정 기간 양도하는 절차라는 점에서 다른 어떤 제도보다 위험부담이 더 큰 선거제도에 대한 이 기이한 무관심은 단 하루 시험으로 12년 공부를 심판하는 수능제도의 조악함을 견뎌 온 우리 사회의 기형적 인내심과 맞닿아 있다. 둘 다 본질에 무심하다는 점에서다.

통치권의 공유라는 공화정의 핵심 규범은 현대 민주주의에서 1인 1표제로 형식화되었다. 그렇기 때문에 생각과 이해타산이 다양한 주권자 전체의 의지를 최대치로 추출하는 선거의 정밀도가 민주주의의 질을 결정한다. 추첨·지명·합의·투표를 고루 동원해서 참정권자 모두의 뜻을 정교하게 추출했던 베네치아의 도제 선출방식이 이상적이지만, 그게 불가능한 지금은 과반의 최종 의사를 추출해서 확인하는 제도가 그나마 최선이다. 가장 흔한 방법은 프랑스를 비롯한 여러 나라가 대통령선거에 사용하는 결선투표제다. 1차 투표의 최다득표자 2인을 대상으로 2차 투표를 함으로써 최종 과반의 뜻을 짚어 낸다는 점에서다. 미국은 선거인단 과반 득표자가 없으면 하원으로 넘겨 50개 주의 과반 지지를 얻는 후보를 대통령으로 선출한다. 다수당의 대표가 총리가 되는 영국에서는 보수당과 노동당의 대표 선출제도가 총리 선거제도나 마찬가지다. 노동당은 후보별 순위를 매기는 단 한 번의 선호투표(instant runoff voting)를 통해 최종 과반의 의사를 확인하고, 보수당은 과반 득표자가 나올 때까지 최저 득표자를 하나씩 지워 나가는 방식(exhaustive ballot)을 쓴다. 비용과 시간을 핑계로 삼거나 정치적 득실계산 때문에 주권의 최종 소재를 확인하는 절차를 생략하는 나라는 민주주의도 아니고 공화국도 아니다.

둘째, 민주주의를 다수결 만능주의로 오해했다. 최대 다수가 최대로 행복한 것이 선이라는 윤리적 공리주의를 다수가 정치적 선이며 도덕적 강자라는 정치적 공리주의로 오역했다. 그 결과 다수냐 소수냐를 정치적 가치판단의 최종 기준으로 착각했다. 다수와 다수결을 민주주의의 유일한 기준으로 삼는 바람에 어느 옛 소피스트가 '강자의 것'이라고 강변했던 정의justice는 '다수의 것'이 되었다. 공직 후보를 걸러내고 정책을 기획하는 정당들부터 사설 여론조사에 목숨을 걸게 되었고, 숫자를 민주주의의 유일신으로 경배하는 부박浮薄한 풍속에 편승한 조직적 소수가 다수로 위장해 정치적 소원을 성취하려는 디지털 샤머니즘이 정치를 비틀기 시작했다.

셋째, 민주주의를 권리 회복과 인권 지상주의로 오해한 나머지 윤리와 책임의 담론을 구시대의 유물로 취급했다. 권리를 말하면서 권리에 따르는 윤리와 책임은 말하지 않았다. 교육, 노동, 복지 등 곳곳에서 권리와 윤리의 균형이 무너지면서 개인과 집단의 당연한 권리와 응분의 책임을 함께 말하는 서사가 자취를 감추었다.

넷째, 현실의 민주주의를 책 속에 그려 놓은 무지개색 민주주의로 착각했다. 현실의 민주주의는 냉엄한 공공윤리와 합의된 규범 속에서만 작동한다는 진실을 외면했다. 공적 책임과 윤리에 바탕을 둔 민주주의를 사적 배려와 온정의 체제로 오해하게 되었다. 지하철과 식당에서 조용히 하고 층간소음을 줄여야 할 사회적 의무는 '고통받는 이웃'에 대한 개인적 배려로 바뀌었고 영혼 없는 존칭과 존대어만 일상이 되었다. 나른한 감상주의와 덧없는 온정주의를 정치 민주화의 척도로 착각한 틈에 학교폭력, 직장 내 괴롭힘 같은 은밀한 사적 독재가 터를 잡았다.

정치는 이 모든 편견의 민주화에 앞장섰다. 그리고 그 제물이 되어 거친 애증의 멜로드라마로 퇴행했다. 이념과 당파와 역사의 덫에 걸린 정치인들의 언사는 황색 저널리즘의 소재가 되었으며, 조선 성리학의 이분법적 선악구도를 떨쳐 낸 공화국의 언어로 민주화의 서사를 써야 할 의회와 정당은 정략적 기획과 미세 기술이 넘쳐나는 권모술수의 전쟁터로 변했다. 인간은 누군가 또 무언가의 노예가 되려고 투쟁하면서도 그 투쟁을 자신을 위한 투쟁으로 착각한다는 스피노자의 말을 증명이라도 하듯, 정치적 교주를 창조하고 옹위하는 정치적 팬덤이 공론의 대두를 막고 비트는 견해의 전체주의가 유행하기 시작했다. 정치인의 말, 의회와 정당의 행태, 대중의 정치적 발언 모두가 정치라면, 정치는 치정이 되었다.

돌이켜 보면 민주화가 시작된 1980년대 이후 어떤 정당, 어떤 정권도 민주주의와 공화정의 본질을 고민한 흔적이 없다. 만약 그랬다면, 내전 치르듯 입법절차를 강행하는 다수당의 전횡이 부끄러웠을 것이고, 시한부 국가경영진이 시한이 없는 역사와 언론에 법률의 족쇄를 채우려는 시도도 없었을 것이다.

민주주의와 공화정의 본질에 대한 정치인들의 무지와 무관심을 보여 주는 익숙한 사례가 있다. 입법부의 의원이 행정부의 장관을 겸직하는 관행이다. 대통령과 행정부를 견제하라고 뽑아 놓은 의원들이 대통령의 지시를 받는 장관직을 겸직하는 것은 입법부와 행정부의 합체를 몸소 실천하는 행위다.

행정권과 입법권의 통합은 절대군주의 희망이며 공화국의 금기다. 게다가 이 같은 입법권의 수치를 의원 개인의 영광으로 받아들이는 풍조가 만연해 왔다. 입으로만 민주주의를 떠들 뿐 정신은 여전히 신민의 시대를 맴돈다는 증거다. '여당'(권력과 함께하는 정당)과 '야당'(들판에 나앉은 정당)이라는 일본 정치의 봉건적 용어를 지금까지 쓰고 있는 현실도 이 시대착오적 봉건성의 단면이다.

공화정의 본질은 권력을 분산시켜 독재와 폭정을 막는 것이다. 그러나 우리는 행정권과 입법권의 통합을 국회법으로 보장하고 있다. 영국처럼 장관이 의원을 겸직하는 나라도 있지만, 의원내각제하에서는 의회가 내각 불신임권을 갖고 총리가 의회 해산권을 갖는 방식으로 행정부와 입법부의 상호견제를 확보하고 있다. 대통령 중심제인 미국도 행정부-입법부의 분립을 헌정의 제일 규범으로 삼아 왔다. 1788년에 제정된 미국 헌법은 "… 공직에 있는 자는 그 직을 유지하는 한 상원의원이나 하원의원이 될 수 없다"(제1조 제6절)라고 명시해 놓았고 지금도 그대로다. 의원이 장관을 하려면 의원직부터 사퇴하라는 말이다. 이게 삼권분립의 체통이다. 실제로 상원의원 새뮤얼 덱스터Samuel Dexter가 존 애덤스 대통령의 장관으로 임명된 1800년부터 지금까지 의원직을 사임하고 장관으로 간 미국인은 43명뿐이다. 미국 연방상원 홈페이지에는 이렇게 쓰여 있다. "의사당 전시관에는 장관이 되려고 상원의원직을 사임한 사람들의 청동상과 대리석상도 있다. 도대체 뭣 때문에 대통령의 비위나 맞추는 행정부의 임명직이 되려고 세계 최고의 입법직이 누리는 독립성을 포기하는가?"[6]

우리 제헌헌법도 "국회의원은 대통령 · 국무총리 · 국무위원 · 지방의회의원 및 기타 법률이 정하는 공사의 직을 겸할 수 없다"고 분명히 못을 박았다. 그러나 1969년의 제 6차 개정헌법이 이 조항을 "국회의원은 법률이 정하는 공사의 직을 겸할 수 없다"로 바꿔 놓았다. 하위법인 국회법만 금지하지 않으면 의원이 장관을 겸직할 수 있도록 해서 삼권분립의 둑을 터버린 것이다. 문제는 이른바 민주화헌법이라는 1987년 개정헌법마저 독재 시대에 슬그머니 사라진 제헌헌법의 겸직

---

6 "Why would a senator choose to leave the independence of the best elected legislative job in the world to become an appointed executive branch officer subject to the whims of a president?" https://www.senate.gov/artandhistory/history/minute/From_the_Senate_to_the_Cabinet.htm

금지조항을 되살리지 않았다는 점이다. 오히려 2014년 2월 14일부터 시행된 국회법 제29조 1항은 국회의원이 아예 "총리직과 장관직만 겸직할 수 있다"고 명시했다. 독재정권조차 눈치가 보여 슬그머니 터놓은 위헌적인 샛길을 국도로 확장해서 전제정의 특기인 입법권과 행정권의 합체를 민주공화국의 일상으로 만든 것이다.

3. 국회, 이름의 정치학

제헌헌법은 왕조와 식민의 시대를 민주공화국의 시대로 전환할 헌정체제를 깊이 고민할 여유 없이 제정되었다. 그 방증이 대한민국 의회의 명칭, 즉 '국회'다.

이름은 정신을 담는다. 대의민주주의의 본산인 영국 의회는 parliament(발언)이다. 상원은 귀족원house of lords이고 하원은 평민원house of commons, 즉 민의원이다. 프랑스와 이탈리아의 의회도 parlement, parlamento다. 프랑스의 상원은 로마 원로원의 이름을 딴 sénat이고 하원은 국민의회assemblée nationale다. 이탈리아의 상원도 원로원을 뜻하는 senatori이며 하원은 대표원camera dei deputati, 즉 국민대표원이다. 미국의 연방의회는 모든 주의 연합의회라는 뜻을 가진 합중국 의회U.S. congress인데, 상원은 로마 원로원의 이름을 딴 senate이고 하원은 국민대표원house of representatives이다. 이처럼 공화정과 민주주의의 역사가 오래된 서유럽과 미국은 국민의회, 국민대표원, 평민원, 민의원처럼 하원의 명칭에 '민'을 넣거나 하원이 국민의 의회라는 것을 표시함으로써 입법권의 근원이 '민'이라는 것을 확인한다.

이와 달리 전제정의 전통이 강한 러시아 연방의회는 연방평의회Совéт Федерáции라는 이름의 상원과 국가두마Госудáрственная дýма라는 이름의 하원으로 구성되어 있다. 러시아 하원의 이름을 생각, 논의를 뜻하는 두마로 정한 것은 니콜라이 2세 치하의 1906년인데, 1917년 볼셰비키 혁명으로 사라진 이 명칭이 소련 멸망 후 부활한 것이다. 재미있는 것은 국가두마를 번역하면 국가의회, 즉 국회라는 사실이다. 그런가 하면 단원제인 헝가리의 의회Országgyűlés도 우리말로 번역하면 국회다.[7] 이처럼 크게 민주적이지 않은 러시아의 하원, 헝가리의

7 헝가리의 단원제 의회는 országgyűlés인데 ország는 나라, 땅이고 gyűlés

단원제 의회, 그리고 옛 제국의회를 계승한 일본의 의회가 국회라는 명칭을 쓰고 있다.

제헌의회가 단원제인 대한민국 의회의 명칭을 국회로 정한 까닭은 짐작할 뿐이다. 국민의회의 줄임말로 생각했을 수 있고 유교권 정치문화의 관성일 수도 있다. 그러나 한 해 전인 1947년에 제정된 일본 헌법이 선택한 의회의 명칭이 국회라는 것을 생각하면 해석이 복잡해진다. 미군정하에서 제정된 일본의 신헌법은 참의원과 중의원으로 구성된 일본 의회의 명칭을 국회로 정했다. 일본이 종전의 제국의회를 '국회'로 바꾼 까닭은 두 가지로 짐작할 수 있다. 우선 태평양전쟁 패전 후 국호를 일본제국에서 일본국으로 바꾸면서 제국의회의 '제'를 뺀 국회로 바꿨을 가능성이다. 또 하나는 국을 민 위에 두는 동아시아의 위계적 국가관과 20세기 전반기의 일본을 지배한 군국주의 문화에도 국회라는 이름이 무난했을 것이다.

그러나 우리는 하원 하나만 있는데도 그 이름을 국가주의

는 회합, 의회다. 영어로는 National Assembly이지만 원래 의미는 '나라의 의회', 즉 국회다. 러시아의 하원은 Госуда́рственная ду́ма인데, 여기서 Госуда́рственная는 정부, 국가, 국영을 뜻한다. 따라서 러시아 하원도 '국가의 의회', 즉 국회다.

의 망령과 위계의 무의식이 서려 있는 '국회'로 정했다. 더구나 제헌헌법이 19세기 일본의 제국헌법과 1947년의 신헌법까지 참고했다는 점을 생각하면, 설사 그런 의도가 없었다고 해도 일본 의회의 이름을 우리가 수입한 모양새가 된다.

정치가 특히 그렇지만, 잘못 지은 이름은 정신을 오염시키고 제대로 만든 이름은 정신을 단련한다. 고대 아테네와 로마의 민회를 아테네와 로마의 국회로 번역하지 않는다. 국가의 규모가 커졌다고 해서 민회의 본질이 '국가의 의회'로 바뀌는 것도 아니다. 민주주의가 정착한 나라들은 대부분 '민'을 넣은 의회를 하나씩 둔다. 정부와 권력의 전횡을 견제하라고 만들어놓은 국민대표기구의 이름이 '국회'일 수 없다. 지성과 이성을 들먹이는 대학들마저 명패 앞에 '국립'을 자랑처럼 끼워 넣는 경직된 우리 문화에서는 국회라는 이름 자체가 거룩한 벼슬이다. 국민을 대변하는 의회가 '민생'과 '민초'처럼 국민을 타자화한 용어를 쓰는 봉건적 퇴행을 자각하지 못하는 것은 국회라는 이름 밑에 우월적 무의식이 깔려 있기 때문이다. 그 이름이 만약 민회나 국민의회라면 초선의원 오리엔테이션 현장에서 '의원은 특권이 아닙니다'라는 지당한 말씀을 강조하고 또 이게 뉴스거리가 되는 촌극은 없을 것이다. 증인으로 나온 시민과 공무원을 사또가 백성 호령하듯 몰아세우는 수준 이하의 청문회도 없을 것이다. 간단치 않은 보통 인간의 삶과 세상의 이치를 헤아리는 안목도 없이 '국가의 의회'라는 착각 속에서 졸속 입법을 일삼는 폐습도 보기 힘들 것이다.

맺으면서

인류가 독재와 폭정을 어떻게 허용하고 막아 왔는지 그 역사를 알면 민주화의 실마리가 보인다. 우리는 그러지 못했다. 독재와 폭정을 경계하고 견해와 이념의 전체주의를 거부하는 정신의 민주화를 기획하지도 않았고, 제도의 민주화도 고민하지 않았다.

독재의 시대를 청산한다면서 민주공화국의 첫째 조건인 공정하고 정밀한 선거제도는 설계하지 않았다. 말로는 서열화와 일등주의를 비판하면서 절반의 지지도 얻지 못한 일등 득표자들을 국가수반과 입법부 의원으로 뽑았다. 입법부와 행정부가 서로 감시하고 견제해야 민주공화국이 된다고 가르치면서도 청와대와 의회의 인적 통합과 관행적 유착을 당연시했다. 민주공화국의 최후방벽인 대법원장, 헌법재판소장, 선거관리위원장을 임기제 대통령이 임명하는 헌정체제를 대통령 중심제의 당연한 결과로 받아들였다.

민주화는 공화정의 정신과 제도를 정치의 규범과 사회문화적 토양으로 일구는 작업이다. 그러자면 양원제의 취지를 실천하거나 단원제의 단점을 보완할 의회제도를 만들어야 했다. 고위 공직자의 공과를 퇴임 후에 심사했던 옛 공화정의 공직철학에서 배워야 했다. 무책임한 정치변혁과 정치보복의 악순환을 막는 방책도 고민해야 했다. 기술적 제도의 개량에 치우친 교육정책 대신 공공윤리와 사회적 책임에 민첩한 공화국의 시민을 기를 진정한 의미의 공교육을 기획해야 했다. 다른 무엇보다 국정의 효율성과 정책 공조를 핑계 삼아 입법, 행정, 사법의 경계선을 허물지 말아야 했다. 공화정의 역사에 없고 민주주의의 사전에도 없는 효율과 공조는 왕정과 제정의 언어다. 폭정의 숙적인 공화정은 번거로울수록 치밀하고, 다양한 주권자의 뜻을 정교하게 추출해야 할 민주주의는 비효율적일수록 효과적이다.

민주공화국의 생명은 법치다. 법치는 인치의 예방책이며

해독제다. 인치는 권력자가 사적 이익을 취하기 위해 법을 악용하고 임의로 해석하는 행위다. 과거의 모든 공화정은 법을 빙자한 인치가 법치를 능욕할 때 무너졌다.

현대 공화정의 모델인 미국도 예외가 아니다. 2016년 미국 대선에 대한 러시아의 개입 혐의를 수사하던 FBI 국장 제임스 코미를 도널드 트럼프 대통령이 해임한 것이 인치다. 자신한테 불리한 수사를 법에 따라 진행하는 책임 공직자를 해임했기 때문이다. 그 전에도 이런 일이 있었다. 1973년 5월, 당시 미국 법무장관 리처드슨Elliot Richardson은 1972년 6월 17일에 발생한 워싱턴 시내 워터게이트호텔의 민주당 전국위원회 침입사건을 수사하기 위해 콕스Archibald Cox Jr.를 특별검사로 임명했다. 몇 달 후 콕스는 백악관 집무실의 대화를 녹음한 테이프를 제출하라는 소환장을 발부했다. 닉슨 대통령은 이를 거부하고 엉뚱한 테이프를 제출했고 이튿날 콕스의 해임을 지시했다. 법무장관은 지시를 거부하고 사임했다. 닉슨은 다시 법무부 차관한테 같은 지시를 했지만 차관도 이를 거부하고 사임했다. 끈질긴 닉슨은 졸지에 장관 대행이 된 법무부 송무차관한테 콕스의 해임을 지시했고, 결국 그가 해임 통고문을 보냈다.

그러자 연방대법원은 대통령한테 녹음테이프 원본을 콕스의 후임인 리언 자워스키Leon Jaworski에게 제출하라고 명령했고 연방하원은 대통령 탄핵절차를 개시했다. 위기에 몰린 닉슨은 사임했다. 스파르타의 에포로이와 게로우시아가 왕의 전횡을 막고, 로마의 원로원이 집정관의 독재를 막고, 베네치아의 소평의회와 10인 평의회가 도제의 독재를 막은 것처럼 연방대법원과 연방의회가 법치를 파괴하는 대통령의 전횡에 제동을 건 것이다. 여기서 눈길을 끄는 것은 해임 직후 콕스가 발표한 성명서의 한 문장이다.

> 이 나라가 사람 아닌 법이 지배하는 나라로 계속 남게 될지는 이제 의회에 달려 있으며, 궁극적으로는 미국 국민 전체에 달려 있습니다.

콕스는 지난 2,500년간 모든 공화국을 관철한 법치의 신성한 지위를 이 숙연한 문장 하나로 확인했다. 법무부 장관과 차관이 자신을 임명한 대통령의 지시가 부당하다는 이유로 거부하고 줄줄이 사임한 것이 법치다. 의회와 대법원이 대통령에 맞서 헌법을 지킨 것이 법치다. '토요일 밤의 학살'로 알려진 닉슨의 연속된 강압 조치에 대한 미국 법무부의 저항과 그 이후의 사태 전개는 법치의 정신과 공직윤리를 개인의 이익보다 앞세우는 공직자가 있을 때, 또 이런 공직자를 키우고 격려하는 공화정의 제도와 정신이 살아 있을 때만 민주주의가 생존한다는 것을 보여 주었다.

법치가 공화정의 생명이라면 민주주의의 생명은 일상의 의식과 행동에 있다. 일상으로 못 느끼는 민주주의는 허구다. 모든 정치적 비전은 일상의 삶과 멀고 추상적일수록, 또 낭만적이고 웅장할수록 독재와 전체주의를 잉태하고 있었다. 루소의 추상적 일반의지를 종교처럼 신앙한 로베스피에르, 생산수단의 공유를 통한 낭만적 평등사회를 비전으로 내건 레닌과 볼셰비키, 아리안 종족의 웅혼한 삶을 영위할 제국을 몽상한 히틀러의 나치가 모두 그랬다.

거창한 비전과 이념 대신 소소한 일상의 정치로 민주주의를 실천하는 대표적인 나라가 영국이다. 영국의 의회는 런던의 웨스트민스터궁에 있다. 남쪽 끝에 있는 귀족원은 직사각형 공간의 중간 복도 양쪽에 붉은색 장의자를 여러 줄로 마주보게 배치하고 있다. 북쪽 끝에 있는 하원, 즉 평민원은 더 비좁은 직사각형 공간에 같은 방식으로 녹색 장의자 여러 줄을 배치하고 있다. 회의장을 양분하는 중앙복도의 양쪽 끝에는 녹색 안전선을 그려놓았다. 두 줄 사이의 간격은 약 4미터다. 마주 보는 두 의원의 언쟁이 칼을 맞대는 결투로 비화하면 안 된다고 경고하는 상징적 안전선이다.

영국정치의 중심은 이처럼 비좁고 수수한 하원이다. 영국 의정의 대부분은 양측이 마주 보면서 논쟁하는 이곳에서 진행된다. 그런데 2021년 기준 영국의 하원의원은 650명이지만 하원에 비치된 좌석의 수용인원은 427명이다. 의원 모두 출석하면 세 사람 중 하나는 서 있어야 한다. 과거에 하원의사당을 확장할 기회는 있었다. 독일의 공습으로 파괴된 의사당을 개축하는 문제로 회의를 연 1943년이다. 비좁은 직사각형에다가 좌석마저 부족한 의사당을 확장해서 미국과 프랑스 같은 반원 형태로 바꾸자는 제안이 당연히 나왔다. 이때 윈스턴 처칠이 반대했다.

> 우리가 의사당의 형태를 정하면 의사당의 형태는 우리의 모습을 결정합니다. … 무엇보다 의사당은 반원형이 아닌 직사각형이어야 합니다. 일상의 정치에서 형태는 대단히 중요합니다. 책상머리 이론가들한테는 반원 형태가 매력적이겠지만, 그렇

게 되면 누구든지 또 어느 계파든지 의사당의 중앙 쪽으로 가려고 할 겁니다. 이런 의원들은 날씨(정세)에 따라 다양한 색조의 핑크빛(어중간한 입장)만 띠게 될 겁니다. … 정당정치라면 직사각형이 좋습니다. (양쪽이 마주 보는) 직사각형이면 진보(노동당)에서 보수(보수당) 쪽으로 마음이 기운 의원이라도 아예 반대편으로 넘어가기는 쉽지 않기 때문입니다. … 이론은 관습과 전통에 비해 형편없는 지침서입니다. 수많은 나라가 이론에 따라 의사당을 반원 형태로 만들고 의원 모두가 앉을 의자에 내리칠 덮개가 달린 책상까지 비치했지만 치명적 결과만 얻었다는 것을 의회민주정의 본산인 우리는 알고 있습니다.

의사당이 직선(직사각형)이라야 한다는 제 주장에는 또 다른 의미가 있습니다. 의원 모두가 한꺼번에 출석해도 붐비지 않을 만큼 의사당을 크게 지으면 안 된다는 겁니다. 모든 의원이 동시에 앉도록 개인별 좌석을 지정해도 안 된다는 겁니다. …

모두가 앉을 만큼 크게 지어 놓으면 대부분의 의정 토론은 빈자리가 절반 아니면 대부분인 의사당의 축 처진 분위기 속에서 진행될 겁니다. 우리 하원에서 벌어진 훌륭한 토론의 핵심은 마주 보고 말하는 대화체 의사 진행 덕분에 신속하고 격식 없는 말 끊기와 언쟁이 가능했다는 것입니다. … 대화체 의사 진행을

(전면 중앙의) 연단에서 장광설이나 늘어놓는 방식으로 바꾸는 건 잘못입니다. 대화체로 의사를 진행하려면 의사당이 비좁아야 하고 중대사안을 다룰 때는 북적거리는 긴박감도 생겨나야 합니다. …1

의사당의 형태와 크기까지 정당정치의 본질과 결부시킨 이 발언 때문인지 영국 하원은 의사당을 원래 크기와 형태 그대로 복원했고 의자도 추가하지 않았다. 일상의 불편을 감수하고라도 민주적 정당정치의 정신과 전통을 지키자는 처칠의 뜻을 수용한 영국 하원의 이런 긍지가 영국을 의회민주주의의 본산으로 키워 낸 힘이다. 이 연설문은 모든 직업 정치인한테 필수적인 인문적 교양의 한 단면일 뿐이지만, 교양과 상식 대신 이념과 구호가 정치의 일상을 점령해 버린 우리한테 시사하는 바가 있다. 민주주의는 일상과 괴리된 웅장한 이념과 비전이 아니라 일상의 실천을 좌우하는 인식과 행동으로 만들어진다는 것이다.

1 https://api.parliament.uk/historic-hansard/commons/1943/oct/28/house-of-commons-rebuilding(2021. 4. 29.). 괄호 안은 역자의 부연.

다양한 민주가 싸우면서 공존하는 현대 민주주의의 수준은 공화정의 수준에 따라 결정된다. 공화정의 수준은 폭정을 막는 제도의 정밀도와 폭정을 거부하는 정신의 농도에 비례한다. 민주화 시대의 우리 정치가 거친 이념과 조악한 구호의 격투장이 된 까닭을 설명하는 담론은 여럿 있지만, 가장 단순한 이유는 누구의 권력인가를 묻기 전에 지금 눈앞의 권력을 감시하고 견제하는 공화정의 정신을 우리가 등져 왔기 때문이다. 그 결과 우리는 민주주의에 대한 편견의 민주화를 정치의 민주화로 선전해 왔고, 정밀하게 설계해도 모자랄 민주공화국의 청사진을 애증의 판타지로 가득한 역사의 늪에서 잃어버렸다.

모든 제도는 인간의 탐욕과 이기심을 통제하는 수단이다. 그러나 인간의 탐욕과 정면으로 맞붙거나 이기심을 강제로 억압하는 제도는 실패하고 그것을 역이용하는 제도만 성공한다. 인간의 이기심을 역이용해서 권력의 분립과 상호견제를 제도화한 공화정의 역사가 그 증거다. 그런데 우리는 민주화를 시작하면서 입법권과 행정권의 자발적 상호견제를 유도할 방책을 설계하지 않았고, 각양각색인 주권자의 뜻을 공정하게 추출할 선거제도도 치밀하게 기획하지 않았다. 그 대신 거대 담론과 추상적 구호로 덧칠한 민주주의의 흐릿한 초상만 그려 왔다. 정신의 민주화는 긴 세월을 요구하지만 제도의 민주화는 역사 속 공화국들의 보편정신에 공감하는 정치적 교양과 사회적 합의만 있으면 가능하다. 실현 가능한 내일의 민주주의를 기획하기 위해서 옛 공화국의 역사를 들춰 보는 것은 이 때문이다.

참고문헌

권용립(2019). 《미국의 정치문명》. 삼인.

김효전(2007). "유진오, 《헌법해의》". 〈법학〉, 48(3).

니콜로 마키아벨리 지음, 강정인·김경희 역(2019). 《로마사논고》. 한길사.

마르쿠스 툴리우스 키케로 지음, 김창성 옮김(2021). 《국가론》. 한길사. *라틴어 원전 한글 번역본

신우철(2020). "미국형 대통령제의 역사적 기원: 기본구조-필라델피아 제헌회의에서의 핵심 쟁점을 중심으로". 중앙대학교 법학연구원, 〈법학논문집〉, 44(3).

아리스토텔레스·크세노폰 외 지음, 최자영·최혜영 옮김(2002). 《고대 그리스 정치사 사료-아테네, 스파르타, 테바이 정치제도》. 신서원.

최자영(1995). 《고대 아테네 정치제도사-아레오파고스와 민주정치》. 신서원.

Adams, W. H. (1987). "The Virginians and the Veneto". *Virginia Quarterly Review*, 63(4).

Aristotle. *The Politics and the Constitution of Athens*. ed., S. Everson (2020). Cambridge University Press.

Baylin, B. (1968). *The Origins of the American Politics*. Alfred A. Knopf.

Chinard, G. (1940). "Polybius and the American Constitution". *Jour-*

nal of History of Ideas, 1.

Cicero, M. T.. *The Republic and The Laws*. trans., Niall Rudd(1998). Oxford University Press. *라틴어 원전 영역본

Coggins, J. S. & Perali, C. F. (1998). "64% Majority rule in Ducal Venice: Voting for the Doge". *Public Choice*, 97.

Colbourn, H. T. (1965). *The Lamp of Experience: Whig History and the Intellectual Origins of the American Revolution*. University of North Carolina Press.

Crick, B. (2002). *Democracy: A Very Short Introduction*. Oxford University Press.

Dwight, T. W. (1887). "Harrington: and His Influence Upon American Political Institutions and Political Thought". *Political Science Quarterly*, 2(1).

Everdell, W. R. (2000). *The End of Kings: A History of Republics and Republicans*. University of Chicago Press.

Farrand, M. ed. (1966). *The Records of the Federal Constitution of 1787*, 3 Vols., Yale University Press.

Fink, J. S. (1945). *The Classical Republicans: An Essay in the Recovery of a Pattern of Thought in the Seventeenth-Century England*. Northwestern University Press.

______(1940). "Venice and English Political Thought in the Seventeenth Century". *Modern Philology*, 38(2).

Gilbert, F. (1968). "The Venetian Constitution in Florentine Political Thought". ed., N. Rubenstein. *Florentine Studies: Politics and Society in Renaissance Florence*. Faber & Faber.

Harrington, J. (1656). *The Commonwealth of Oceana*. https://www.gutenberg.org/files/2801/2801-h/2801-h.htm(2021. 1. 23.)

Kirk, R. (1974). *The Roots of American Order*. Open Court.

Lamberti, J. (1991). "Montesquieu in America". *European Journal of Sociology*, 32(1).

Lane, F. C. (1973). *Venice, A Maritime Republic*. Johns Hopkins University Press.

Lindsay, A. D. ed. (1914). *Leviathan*. J. M. Dent & Sons, vol. 2.

Mann, H. (1879). *Ancient and Medieval Republics: A Review of Their Institutions, and of the Causes of Their Decline and Fall*. A. S. Barnes & Co.

Michell, H. (1952). *Sparta*. Cambridge University Press. 윤진 역(2000). 《스파르타》. 신서원.

Milton, J. (1660). *The Ready and Easy Way to Establish a Free Commonwealth*. https://oll-resources.s3.us-east-2.amazonaws.com/oll3/store/titles/272/Milton_1293_EBk_v6.0.pdf (2021. 1. 11.)

Mommsen, T (1902). *Romische Geschichte*. 김남우 · 김동훈 · 성중모 역(2014). 《몸젠의 로마사》. 푸른역사, 제 2권.

Montesquieu (1777). *The Complete Works of M. de Montesquieu*, 4 vols., T. Evans, vol. 1.

Mouritsen, H. (2017). *Politics in the Roman Republic*. Cambridge University Press.

Muir, E. (1981). *Civic Ritual in Renaissance Venice*. Princeton University Press.

Najemy, J. M. (2008). *A History of Florence 1200~1575*. Blackwell Publishing.

Norwich, J. J. (1983). *A History of Venice*. Penguin Books.

Pauley, M. A. (2014). *Athens, Rome, and England: America's Constitutional Heritage*. Griffon House Publications.

Plutarch. *On Sparta.* ed. & trans., Richard J. A. Talbert(2005). Penguin Books.

Pocock, G. A.(1977). *The Political Writings of James Harrington.* Cambridge University Press.

______(1975). *The Machiavellian Moment: Florentine Political Thought and the Atlantic Republican Tradition.* Princeton University Press.

Polybius. *Histories of Polybius.* Book VI. trans., W. R. Paton(1922~1927). Loeb Classical Library edition, vol. III, Harvard University Press. https://penelope.uchicago.edu/Thayer/E/Roman/Texts/Polybius/6*.html(2020. 9. 16.)

Rackham, H. ed.(1935). *The Athenian Constitution, The Eudemian ethics, On virtues and vices.* Harvard University Press.

Rahe, P. A.(1994). *Republics Ancient and Modern,* 3 vols, vol. III, University of North Carolina Press.

Ricks, T. E.(2020). *First Principles: What America's Founders Learned from the Greeks and Romans and How That Shaped Our Country.* Harper Collins.

Rossiter, C. ed.(1961). *The Federalist Papers.* Penguin.

Rubinstein, N.(1997). *The Government of Florence under the Medici, 1434~1494.* 2nd edn., Clarendon Press.

Spurlin, P. M.(1940). *Montesquieu in America 1760~1801.* Louisiana State University Press.

Stephens, J. N.(1983). *The Fall of the Florentine Republic, 1512~1530.* Clarendon Press.

Straus, O. S.(1885). *Origin of Republican Form of Government.* G. P. Putnam's Sons.

Taylor, L. R.(1990). *Roman Voting Assemblies: From the Hannibalic*

War to the Dictatorship of Caesar. University of Michigan Press.

Watts, E. J. (2018). *Mortal Republic: How Rome Fell into Tyranny.* Basic Books.

Wilson, M. B. (2021). *Dictator: The Evolution of the Roman Dictatorship.* University of Michigan Press.

Wood, G. S. (1969). *The Creation of the American Republic, 1776~1787.* University of North Carolina Press.

Xenophon. *Spartan Society.* in Plutarch. *On Sparta.* ed. & trans., Richard J. A. Talbert (2005). Penguin Books.